Jens Heisterkamp
Schöne neue Wirklichkeit

Jens Heisterkamp

SCHÖNE NEUE WIRKLICHKEIT

Sieben post-faktische Denkblockaden
und ihre Überwindung

Bibliographische Information der Deutschen Nationalbibliothek
Die Deutsche Nationalbibliothek verzeichnet diese Publikation in
der Deutschen Nationalbibliographie; detaillierte bibliographische
Daten sind im Internet über http://dnb.ddb.de abrufbar.

ISBN 978-3-95779-055-2
Erste Auflage 2017

© 2017 Info3-Verlagsgesellschaft Brüll & Heisterkamp KG,
Frankfurt am Main

Typographie und Satz: Clarissa Heisterkamp, Hannover
Umschlag: Frank Schubert, Frankfurt am Main, unter Verwendung
eines fotolia Motivs
Autorenfoto: Silke Mondovits
Druck und Bindung: booksfactory, Szczecin, Polen

*„Wahrheit könnte man definieren als das,
was der Mensch nicht ändern kann;
metaphorisch gesprochen ist sie der Grund,
auf dem wir stehen, und der Himmel,
der sich über uns erstreckt."*

Hannah Arendt, Wahrheit und Politik

Inhalt

Einleitung: Trommelfeuer gegen die Vernunft   9

1. Warum wir noch nicht denken und wie wir zur Wirklichkeit kommen   25

2. Fragwürdiger Relativismus und angemessene Behutsamkeit   45

3. Agnostische Einseitigkeit versus Perspektivität als Gewinn   57

4. Im Mittelpunkt der Mensch? Falsche Bescheidenheit und echter Hochmut   71

5. Warum wir uns zu Maschinen machen und wie wir wirklich konstruktiv werden können   83

6. Vom ethischen Relativismus zur Würde der freien Entscheidung   93

7. Ein Plädoyer für den Dialog und die Kraft der Sprache   109

Literatur   126
Danksagung   127

Einleitung: Trommelfeuer gegen die Vernunft

Im Januar 2017 schrieb die amerikanische Präsidentschaftssprecherin Kallyanne Conway ein kleines Kapitel Begriffs-Geschichte. Von einem Journalisten auf offensichtlich falsche Zuschauerzahlen bei der Amtseinführung des neuen Präsidenten Trump angesprochen, sagte Conway den legendär gewordenen Satz, bei den zu hoch angesetzten Zahlen habe es sich nicht um falsche, sondern um „alternative Tatsachen" („alternative facts") gehandelt. Ihre Aussage rief ein kritisches bis empörtes Echo hervor. Und das nicht ohne Grund, denn hier wurde mit einem Grundpfeiler unserer Common-Sense-Vereinbarungen gespielt, wonach Tatsachen und Fakten sich eben dadurch auszeichnen, dass sie stimmen oder widerlegbar sind. Entweder waren bei der Amtseinführung, wie ein anderer Präsidentensprecher zuvor behauptet hatte, mehr Menschen in Washington anwesend als bei der ersten Amtseinführung Obamas (also mehr als zwei Millionen), oder es waren, wie die meisten Medien und Augenzeugen berichteten, deutlich weniger. Beides zugleich ist schon logisch nicht möglich und bei einer sorgfältigen Recherche aller zur Verfügung stehender

Wahrnehmungen von Beteiligten ließ sich die tatsächliche Größenordnung rekonstruieren. „Alternative" Tatsachen gibt es nicht. Schon Hannah Arendt hatte im Blick auf den politischen Umgang mit Fakten auf den fatalen Umstand verwiesen, „warum es so leicht ist, Tatsachenwahrheiten dadurch zu diskreditieren, dass man behauptet, sie seien eben auch Ansichtssache" (Arendt 1972).

Obwohl damit das Projekt der „alternativen Fakten" auf verlorenem Posten steht, ist die Sache leider so einfach nicht. Es reicht angesichts der Verwirrungen nicht aus, im Blick auf Tatsachen oder Fakten einfach auf eine naiv als existierend gedachte Welt zu verweisen. In Teilen der modernen und postmodernen Philosophie und Kultur würde die Position, wonach es so etwas wie „alternative Fakten" gibt, vermutlich sogar Unterstützung finden. Mit großer Wahrscheinlichkeit würde ein Vertreter der philosophischen Postmoderne sogar noch weitergehen und sagen: Von alternativen Fakten zu reden ist möglich, weil es so etwas wie Fakten als letzten Bezugspunkt gar nicht gibt. Was wir als Fakten oder Tatsachen bezeichnet, ist keineswegs etwas neutral Vorhandenes, sondern immer ein Ergebnis unserer Deutung und unserer Interpretation, es ist der Endpunkt eines Prozesses, in den bereits eine Vielzahl von Vorannahmen, Setzungen, Definitionen und Interessen eingeflossen sind. Das „Konzept" der „Tatsache" als einer objektiv vorhandenen beziehungsweise objektiv beurteilbaren dinglichen Gegebenheit ist dann eben ein bloßes Konzept, eine Konstruktion – ein Geschöpf unseres Verstandes. Soweit die Postmoderne, die insofern die jüngere

Wortschöpfung des „post-faktischen" philosophisch implizit vorweggenommen hat. „Indem Postmodernisten den wissenschaftlichen Objektivitätsanspruch unterminierten, haben sie unwissentlich die philosophische Grundlage für die Wiederkehr des Autoritarismus gelegt", hieß es passenderweise kurz nach der Wahl Trumps im „Scientific American".

Ich bin nicht sicher, wieweit man der postmodernen Philosophie die Verantwortung dafür zuschreiben kann, dass der begrifflichen Nebelschwaden-Politik von Trump und anderen Neo-Despoten unserer Zeit der Boden bereitet wurde; der Vorwurf ist allein deshalb schon mit Vorsicht zu genießen, als politische Vorgänge viel zu komplex sind, um nur auf einer Ebene befriedigend erklärbar zu sein. Und doch hat der Gedankengang einen wichtigen, sehr ernsten Kern: Er weist auf den Zusammenhang zwischen behaupteter Beliebigkeit und praktizierter Manipulation.

Wenn Beliebigkeit Einzug hält

Wie genau hat diese Beliebigkeit nicht nur in die Philosophie, sondern auch in das gesellschaftliche Denken Einzug gehalten?

„Die Wahrheit ist die Erfindung eines Lügners", lautete 1998 ein erfolgreicher Buchtitel, dem man einen gewissen Stimulationseffekt nicht absprechen kann. Abgesehen von einer vielleicht heilsamen Verunsicherung des Gewohnten ist die Aussage allerdings gedanklicher Unfug. Ebensowenig wie der Inhalt eines Witzes dadurch wahr wird, dass er uns zum

Lachen bringt, ist auch diese Begriffsverbindung vom Lügner, der die Wahrheit „erfindet", nicht dadurch überzeugend, dass er Verblüffung auslöst. Die Wahrheit als „Erfindung" – und wer hat das nun wieder erfunden?!

Aus meiner Studienzeit Anfang der 1980er Jahre erinnere ich mich an eine Szene, wo ein Mitstudierender in einem Seminar eine ganz ähnliche Frage stellte: „Seit Aristoteles glauben wir an den Satz vom Widerspruch, wonach entweder eine Aussage gelten kann oder ihr Gegenteil, aber nicht beides. Woher wissen wir, dass das wahr ist?" Die Botschaft war klar: Unsere ganze Logik beruht möglicherweise lediglich auf der machtvollen Setzung eines philosophischen Giganten, dessen wirkmächtige Aussage nie in Frage gestellt wurde. – Wir schätzen Denker wie Michel Foucault, der darauf hingewiesen hat, wie sehr die etablierte „Ordnung des Diskurses" von Machtverhältnissen geprägt ist. Wer wollte leugnen, dass geistige und politische Autoritäten zu allen Zeiten maßgeblich mitbestimmt haben, was Gegenstand des philosophischen oder wissenschaftlichen Denkens wurde und was nicht, die festgelegt haben, was als Fakten, um zu diesem Begriff zurückzukommen, anerkannt wurde und was als Ketzerei oder Aberglaube gilt? Aber heißt das, dass wir es letzten Endes nur mit Macht, nie aber mit Wahrheit zu tun haben?

Foucaults Begriff des Diskurses ist in letzter Zeit durch das Modewort „Narrativ" abgelöst worden. Dahinter verbirgt sich die Annahme, dass die Wahrnehmung von Wirklichkeit durch das konstituiert wird, was sich als zentrale Erzählung in einer Gesellschaft durchsetzt oder auch einfach nur etabliert hat.

Auch dieser Sicht entsprechend gibt es keine erreichbare Objektivität, sondern allein konkurrierende Narrative. Auch hier geht es mir nicht darum, die Existenz solcher Leit-„Narrative" zu bezweifeln; die Geschichte Emanzipation etwa ist ein bekanntes Narrativ der gesellschaftlichen Entwicklung der vergangenen Jahrzehnte, ein besonders schönes dazu und dass es sich um ein Narrativ handelt, bedeutet keinesfalls, dass es sich bei der zunehmenden Emanzipation der jüngeren Moderne um ein bloßes Konstrukt handelt. Fatal wird es, wenn man im Zuge dieser Überlegungen die politische mit der logischen Ordnung gleichsetzt und eine Unterscheidungsmöglichkeit zwischen Diskurs beziehungsweise Narrativ und dem, worauf sie sich beziehen, leugnet. Zum bloßen Relativismus führt es, wenn in Folge dieser Diskurs- und Narrations-Logik bestritten wird, dass immer etwas Zugrundeliegendes existiert, auf das sich Diskurse und Erzählungen beziehen und von dem aus auch Beurteilungen darüber möglich sind, welche Gültigkeit einem Narrativ zukommt.

In einem persönlichen Austausch mit einem Vertreter der Narrationstheorie über den Status geschichtlicher Tatsachen kam der Name des Historikers Hayden White auf, den ich schon aus der Zeit meines Studiums kenne. Er war bereits früh mit der Auffassung hervorgetreten, dass unser geschichtliches Wissen durch narrative Akte produziert werde – „Klio dichtet" lautete einer seiner Leitsprüche. Mein Gesprächspartner verabsolutierte nun diesen Ansatz: Es gäbe letzten Endes gar nicht so etwas wie historische Tatsachen, sondern nur Erzählungen unterschiedlicher Art. Ich fragte ihn daraufhin, ob denn beispielsweise auch das, was wir über den Holocaust wissen, nur Narrative seien, und ob diese auch ganz anders lauten könnten – was mein Gegenüber durchaus bejahte. Ich hielt dem entgegen, dass wir doch schließlich Zeitzeugen aller Art hätten, Aussagen von Opfern und Tätern, aus denen man mit historischen Methoden ein Bild konstruieren könne. Diesem käme ein gewisser narrativer Charakter zwar durchaus zu, das Geschäft der Geschichtsschreibung liege aber doch gerade darin, immer wieder im Vergleich der Aussagen mit anderen historischen Dokumenten und Quellen zu einem möglichst wirklichkeitsgesättigten Bild des Gewesenen zu kommen. Sollten wir denn bezweifeln, dass etwa der Bericht eines Lager-Überlebenden realen Charakter habe? Mein Gesprächspartner blieb dabei, dass wir nichts von Tatsachen, sondern nur von Narrativen wissen könnten, da sich in jede Tatsache bereits ein narratives Element mische.

Ich halte es für problematisch, wenn in der Rede von Narrativen das konstruierende Element derart verabsolutiert wird und es am Ende darauf hinausläuft zu sagen, Tatsachen und die geschichtliche Wirklichkeit seien nichts als Konstruktionen. Solche „Nichts-als"-Aussagen begründen einen ebenso wirklichkeitsfernen wie gefährlichen Relativismus in der Art, dass es „nichts als" politische und gesellschaftliche Machtverhältnisse sind, die das bestimmen, was als Tatsache oder Wahrheit gilt – und dass wir am Ende nichts wirklich wissen können. „Die Wissenschaft" oder „die Eliten" oder „die Medien" würden dann am Ende ihre Narrative diktieren. In der Version, dass immer die Sieger die Geschichte schreiben, hat diese Auffassung eine Variante gefunden, die zumeist von zweifelhaften Geschichtsverdrehern verwendet wird, um Verunsicherung zum Beispiel gegenüber der Schuldfrage bezüglich des Zweiten Weltkriegs zu säen – von Holocaust-Leugnern ganz zu schweigen.

Ein Beispiel dafür, wie man denselben Sachverhalt diametral anders interpretieren und in sich vollkommen widersprechende Narrative kleiden kann ist der Hitler-Attentäter Claus von Stauffenberg. In den Tagen und Wochen des 20. Juli 1944 und noch weit darüber hinaus galt Stauffenberg einem überwiegenden Teil der deutschen Gesellschaft als Verräter, der aus politischer Verblendung den Tod zahlreicher Menschen in Kauf genommen hatte – eine Einschätzung, die sich in manchen Kreisen noch bis in die frühen Jahre der Bundesrepublik hinein fortsetzte. Erst allmählich wendete sich die Beurteilung seiner Tat und sein Versuch, Hitler gewaltsam zu beseitigen, wurde als einer der wenigen Schritte entschiedenen Widerstands gegen das NS-Regime gewürdigt. Heute sehen die meisten Stauffenberg als Held, nach ihm werden Straßen benannt und der mit standrechtlichen Erschießungen blutig beendete 20. Juli ist bis heute ein wichtiger Gedenktag für die Identität der Bundesrepublik. Verbrecher oder Widerstandskämpfer – ist es nun wirklich so, dass dieses Urteil nur von den jeweils herrschenden politischen Umständen abhängt? Es gibt nicht wenige Menschen, die wirklich so denken. Für sie wäre es dann auch nur eine Frage der Perspektive, ob islamistische Fanatiker heute nicht vielleicht verkannte Widerstandskämpfer gegen ein bestimmtes „System" sind. Solche Relativierungen verkennen allerdings, dass sich Handlungen durchaus an intersubjektiven Werten messen lassen. Stauffenberg und seine Mitstreiter wollten einem verbrecherischen Vernichtungskrieg nach außen und einer mörderischen Herrschaft nach innen durch die Beseitigung Hitlers ein Ende setzen; einen legalen Weg dazu oder Möglichkeiten des gewaltlosen Widerstands gab es nicht; dass bei der Ausführung ihres Attentats auch vergleichsweise unbeteiligte Menschen zu Schaden kommen würden, hat ihr Gewissen belastet, war aber aus ihrer Sicht unvermeidlich und nach Abwägung aller Umstände auch gerechtfertigt. Das Attentat galt ihnen als letztes Mittel innerhalb eines ideellen Gesamtziels, das auf Beseitigung des Terror-Regimes und die Rettung und Wiedereinsetzung des Humanen gerichtet war. Für die Verantwortlichen beispielsweise der Anschläge vom 13. November 2015 in Paris oder andere islamistisch motivierte Attentäter stellt dagegen das wahllosen Töten möglichst vieler Menschen selbst schon ein Ziel dar, das wegen seiner angenommenen Gottgefälligkeit den direkten Weg ins Paradies verheißt. Der ideelle Gesamtrahmen ist hier die Beseitigung einer auf Freizügigkeit ausgerichteten Gesellschaft und die Errichtung eines ideologischen Zwangssystems, das Menschlichkeit nur für Angehörige einer bestimmten Glaubensrichtung und auch hier nur unter ganz besonderen Voraussetzungen gewährt. Dieser unterschiedliche Werte-Kontext ist es, der Gewaltphänomenen eine jeweils vollständig andere moralische Dimension verleiht: Im einen Fall ist es ein legitimer Akt des Widerstands, im anderen Fall ein religiös verbrämtes Verbrechen für die Errichtung eines Unrechtssystems.

Von der akademischen Theorie zum Populismus

Dass wir uns so leicht verunsichern lassen, beides klar zu unterscheiden, ist Folge einer intellektuellen Immunschwäche, die sich lange angebahnt hat. Das Problem mancher postmoderner Ansätze liegt dabei auch darin, dass sich ihre Positionen meist aus ihrem ursprünglich hoch differenzierten, theoretischen Ursprungsmilieu (in dem viel in Konjunktiven und mit angemessener Vorsicht diskutiert wird) gelöst haben und zu vereinfachten Allgemeinplätzen geworden sind: „Es gibt keine Tatsachen oder Fakten" (siehe oben), „Es gibt keine Wirklichkeit", „Alles ist relativ" sind die trivialisierten Folgen davon. Sie stellen aber keineswegs nur theoretische Spitzfindigkeiten dar, sondern verunsichern in der Konsequenz unser Wirklichkeits- und auch Daseins-Gefühl bis in die Grundlagen. Diese Verunsicherung gilt dann auch für das Gebiet von Ethik und Moral: Sätze wie „es gibt keinen Unterschied zwischen Gut und Böse" sind längst zu Totschlagsargumenten geworden, die jeden ernsthaften Diskurs über verbindliche gesellschaftliche Werte unterminieren. Es sind Sätze, die zu fast allgemein anerkannten Glaubenssätzen geworden sind und deren Wirkung dem des kirchlichen oder absolutistischen Dogmas früherer Zeiten kaum nachsteht. Sie haben aufgrund ihrer Popularität nicht nur zu einer allgemeinen Verflachung des Denkens geführt, sondern sind auch zu einer schweren Beeinträchtigung für die Verständigung innerhalb der gesellschaftlichen Realität geworden.

Wir würden allerdings in dieser Lage nicht weiterkommen, wenn wir nun allein die postmoderne Philosophie für die Misere verantwortlich machen wollten. Das hieße nicht nur, ihren Einfluss auf die Gesellschaft nun doch etwas zu überschätzen. Es hieße auch, die postmoderne Philosophie als Ursprung für etwas zu sehen, dessen Sprachrohr sie vielleicht nur geworden ist. Möglicherweise prägt nicht die Postmoderne als Ursache die Zeit, sondern diese hat ihrerseits gewisse Grundannahmen gebündelt, die uns Zeitgenossen ohnehin einleuchtend erscheinen und sie lediglich mit Argumenten untermauert.

Die Philosophie ist ihre Zeit in Gedanken gefasst, hat Hegel gesagt. Postmoderne Positionen sind insofern nicht irgendwo abstrakt aufbewahrte Konzepte, sondern sie sind Glaubenssätze, die in vielen Zeitgenossen auch ganz unabhängig von Fachdiskussionen tief verankert leben – möglicherweise in jedem von uns, was hier nicht als freundlicher Pluralis Majestatis verstanden werden soll, sondern als Eingeständnis, dass auch ich selbst mich bei ehrlicher Betrachtung der Faszination dieser Glaubenssätze nicht gänzlich entziehen kann. Sie sind deshalb so wirksam, weil sie uns in gewisser Weise als moderne Menschen ausmachen, nicht nur unser Denken, sondern unser ganzes Lebensgefühl definieren. Der Zweifel an der Wirklichkeit, das Infragestellen der Möglichkeit von Objektivität, die Verunsicherung über die eigene Ich-Identität und die tiefe Krise des Ethischen sind Elemente, die bei vielen von uns das Lebensgefühl als modern-postmoderne Menschen ausmachen.

Eingrenzende Denk-Schablonen oder große Gedanken?

Hier kommt eine weitere Dimension ins Spiel. Die angedeuteten Glaubenssätze gefährden nicht nur die denkerische Ordnung unseres sozialen Zusammenlebens. Eine ähnliche Wirkungskette von der Beliebigkeit zum Autoritarismus im Sozialen, den ich oben zu begründen versuchte, gibt es auch auf einer anderen, der persönlich-biographischen Ebene. Hier gilt: Die Glaubenssätze des Relativismus schwächen uns in der Art, wie wir über uns selbst denken, denn sie relativieren uns als Menschen, kollektiv wie individuell. In Klartext übersetzt: Wenn ich grundsätzlich ausschließe, als Mensch mit der Wirklichkeit in Kontakt kommen zu können, kann ich niemals davon ausgehen, mich in Verbundenheit mit der Welt zu entfalten. Ich muss mich immer als „Fremdkörper" in einer mir prinzipiell unverständlichen Welt begreifen. Und wenn ich nicht in der Lage wäre, wirkliche, objektive und wahre Erkenntnisse zu fassen, bliebe ich darauf angewiesen, mich irgendwie mehr schlecht als recht durch die Welt zu mogeln. Dieses Nicht-Zurechtkommen mit der Wirklichkeit bündelt sich in der Art, wie ich mich als menschliches Wesen im ganzen Kosmos erlebe: Im Zuge der modernen Wissenschaft und der postmodernen Philosophie kann ich kaum anders, als mich selbst ebenso wie die ganze Menschheit als unverständlichen „Unfall" im Universum anzusehen, den Menschen als „Irrläufer der Evolution" bezeichnen, wie es Arthur Koestler getan hat. Gegenwärtig gehört der Biologe Richard Dawkins zu den meinungsbildenden Stimmen wenn es darum geht, dass wir Menschen uns ja nicht zu viel auf unsere Existenz einbilden: Eine winzige Änderung an einer beliebigen Abzweigung der Evolution, und alles wäre anders gekommen – wahrscheinlich ohne uns. Alles andere, etwa eine sinnvoll bestimmbare Position des Menschen im Weltganzen zu denken, wäre ja „anthropozentrisch" und damit vielleicht das größte denkbare Sakrileg innerhalb der Postmoderne – in Kapitel 4 setze ich mich mit diesem Thema ausführlich auseinander.

Worauf ich hinweisen möchte: Die angedeuteten Denk-Schablonen des Relativismus der Erkenntnis ebenso wie der Werte wirken wie Blockaden, die uns daran hindern, anders – nämlich groß – von uns selbst zu denken.

Große Gedanken zu haben ist aber ein Privileg, das uns als Menschen zukommt und im Übrigen – um dies gleich klarzustellen – charakterliche Bescheidenheit keineswegs ausschließt. Doch im Zeitalter der Säkularisierung, wo man der Politik zu Recht misstraut, wo man auch in der Philosophie beim Nützlichkeitsdenken angelangt ist und beim Wort Religion immer schon leicht die Fanatiker mitdenkt, stehen so etwas wie „große Gedanken" natürlich unter Generalverdacht. Und doch: Die Geistesgeschichte ist voll vom Ringen um große Gedanken und um bedeutsame Bilder des Menschen. Wer von uns sehnt sich nicht danach, dass sein Leben Bedeutung haben möge?

Die gute Botschaft lautet: Unabhängig von unserer Lebenslage schlummert das Potenzial, große Gedanken fassen zu können, jederzeit in uns. Ob arm oder reich, ob am Anfang des Lebens oder in schon fortgeschrittenem Alter – für die Suche nach großen Gedanken ist es nie zu spät. Es braucht keine besonderen äußeren Voraussetzungen, um sie zu fassen – das ist in jeder Lebenslage möglich. Ohne solche großen Gedanken gibt es keine Veränderung, keine Entwicklung – weder für die Welt, noch für die Gesellschaft und nicht für uns selbst.

Große Gedanken – das meint aber nicht nur, sich bedeutende, weitreichende Ziele für das eigene Leben oder für die Entwicklung der Gesellschaft zu setzen. Große Gedanken für möglich zu halten meint nicht, ehrgeizige Berufspläne zu schmieden oder von einem Leben in Reichtum zu träumen. Große Gedanken zu fassen hat auch nichts mit unbescheidener Selbstüberschätzung zu tun – aber eben auch nichts mit falscher Bescheidenheit. Es meint vor allem, ob und wie wir als Menschen grundsätzlich über uns, unsere Stellung in der Welt, unseren Sinn im Ganzen denken – ob weit und verantwortungsvoll oder ob klein, eng und ängstlich. Ob moralisch „nach oben offen" oder nihilistisch nach unten ziehend. Groß vom Menschen zu denken meint nicht, anmaßend zu werden, aber vor allem nicht resignativ oder gar zynisch.

Den roten Faden dieser Schrift bildet meine Überzeugung: Wie wir über uns als Menschen und unseren Zugang zur Wirklichkeit denken, hat einen prägenden Einfluss darauf, wie ich als einzelner Mensch handle und lebe. Und sie entscheidet in gesellschaftlich-zivilisatorischer Dimension auch darüber, wie wir als Menschheit leben. Dabei besteht meiner Ansicht nach ein existenzieller Zusammenhang zwischen Wirklichkeitsfähigkeit und Ethik, zwischen der Haltung, dass sich die Suche nach einer erkennbaren Grundordnung der Dinge lohnt, sich von ihnen auch korrigieren und leiten zu lassen und in einer tieferen Übereinstimmung mit der Welt leben zu wollen, die dann auch gut wird. Erkennntisvertrauen und Selbstvertrauen gehören zusammen. Das ist schon im Kleinsten so: Kinder mit wenig Selbstvertrauen denken bei jeder kleinen Herausforderung „Das schaffe ich nicht"; ganze Generationen vor uns sind mit dem Gefühl aufgewachsen, dass sie sich stets unterzuordnen haben und für Größeres nicht bestimmt seien. Wir sind aber sehr wohl zu Größerem bestimmt – jeder einzelne Mensch ist das: Weil wir uns selbst bestimmen können und die Grenzen dieser Bestimmung nur in unserer eigenen Kraft von Einsicht, Vision und Wille liegen. Je größer wir von uns denken können, umso besser!

Allerdings liegt hier die Betonung auf „denken": Es soll wirklich gedacht, also schlüssig Gedanke an Gedanke gereiht und dabei auf die Stimmigkeit der Inhalte und Begriffe geachtet werden; wenn etwas nicht mit der Wirklichkeit zusammenstimmt, muss es als unrichtig fallengelassen werden. Groß zu denken heißt ja nicht, herumzuphantasieren, sich um die Wirklichkeit nicht zu scheren oder sich in unbegründeten Schwärmereien zu ergehen – groß heißt nicht größenwahnsinnig. Groß heißt vielmehr: ausloten, was wirklich möglich ist.

Die Bereitschaft und auch die Lust zu solcher Tiefen-Erkundung in Richtung dessen, was möglich ist, wird uns aber heute schon früh genommen. So etwas wie „große Ziele" kennen wir eigentlich höchstens aus dem Bereich der persönlichen

Karriere. Das persönliche Ego möglichst groß zu machen, das ist gesellschaftlich breit akzeptiert. Weniger offen ist das Diskursklima hingegen, wenn es um die großen Ziele des Menschseins geht – da ist es mit der Toleranz schnell vorbei. Nicht nur hat eine bestimmte Form konfessioneller Religiosität hier manchmal Scheuklappen an, die den Menschen lange Zeit als „gefallenes Wesen" definierte. Gerade auch die eigentlich aufklärerische Wissenschaft denkt vom Menschen trotz seiner evolutionären Komplexität im Ergebnis oft eher klein. Davon wird im Folgenden noch ausführlich die Rede sein. Dabei sind es weniger die oft verblüffenden Ergebnisse der Naturwissenschaft, die das Denken über den Menschen klein halten, sondern ihre weltanschauliche Interpretation. Ob man den Menschen für ein unwesentliches Nebenprodukt der Evolution hält, für ein zerstörerisches und zur Gewalt neigendes Lebewesen – Arthur Koestler sprach einst vom „Irrläufer der Evolution" –, oder nicht doch eher für ein Wunder ist nicht alleine eine Frage von Fakten und rationalen Überlegungen, sondern auch von bestimmten Wertsetzungen, die besser oder schlechter begründet sein können. Es sind tiefer liegende Denkstrukturen und Wertemuster, die in ihrer Berechtigung oft gar nicht mehr hinterfragt werden, die zu diesem oder einem anderen Selbstbild führen.

Dabei geht es in dieser Befragung des Menschlichen immer wieder auch um ein anderes, aufs Engste damit zusammenhängendes Problem. Denn was wir Menschen unserem Wesen nach sind, erschließt sich oft gar nicht einer direkten Selbstbetrachtung, die sich vielmehr leicht in sich selbst verfängt.

Was der Mensch ist konturiert sich vielmehr an der fast noch grundlegenderen Frage, was wirklich ist. Deshalb noch einmal: Die Frage nach der Wirklichkeit, das Problem also, ob es uns überhaupt möglich ist, verbindliche und intersubjektive Aussagen darüber zu treffen, was *wirklich* ist, und die Frage nach den Möglichkeiten von uns als Menschen bilden zwei Seiten der gleichen Sache.

1.
Warum wir noch nicht denken und wie wir zur Wirklichkeit kommen

Sie haben die Einleitung offenbar durchgehalten und sind im ersten Kapitel angelangt. Auf diesen ersten Metern der Lektüre haben Sie Begriffe aufgenommen und Verbindungen mitvollzogen, haben hier und da innerlich die Argumentation geprüft, vielleicht Gegenargumente erwogen. Sie haben also eines ganz gewiss getan: Sie haben gedacht. Dabei ist es Ihnen allerdings vermutlich so gegangen wie fast allen Menschen, wenn sie denken: Sie bemerken es gar nicht, wenn sie es tun.

Der Prozess des Denkens verläuft größtenteils unbemerkt von uns, automatisch, wie von selbst. Aber das gilt nicht nur für das Denken als Tätigkeit, auch viele spezielle Inhalte des Denkens führen in uns ein unbemerktes Eigenleben. Im Mittelalter etwa waren die Menschen überzeugt, dass Naturkatastrophen eine Strafe Gottes für ungebührliches Verhalten waren. Aufgrund ihres ganzen Weltbildes stand für sie dieser Zusammenhang zwischen dem Zorn Gottes und vorangegangenem, menschlichen Fehlverhalten außer Frage.

Unsere moderne Zivilisation hat sich von derartig vor-aufklärerischen Vorstellungen glücklicherweise befreit. Trotzdem gibt es auch in unserer gegenwärtigen Kultur eine ganze Reihe von ähnlichen kollektiv wirksamen, tief unbewusst verankerten Glaubenssätzen, die uns wie selbstverständlich wichtige Zusammenhänge der Welt erklären. Sie sind uns so alltäglich geworden, dass wir sie zumeist nicht mehr hinterfragen, sondern für Teile der Realität halten – so wie für die Menschen des Mittelalters Gott und die von ihm ausgehende Ordnung eine Realität war.

Unbewusstheit ist immer eine Quelle von Fehlern und Problemen, gerade im Zusammenhang mit dem Denken. Denn was wir denken, bestimmt nun einmal unser Leben und unsere Wirklichkeit. Nicht nur die Menschen des Mittelalters, auch wir modernen Menschen sind von bestimmten, tief verankerten Denkformen geprägt. Beispielsweise machen wir für manche Verhaltensformen gerne „die Gene" verantwortlich, ein All-Operator-Argument für vieles, für das wir sonst keine Erklärung finden. Für bestimmte soziale Probleme gibt es die Universalerklärung, daran sei „die Gesellschaft" schuld und für Kriege und Krisen müssen pauschal „Geheimdienste" als Verantwortliche herhalten.

Es treiben aber noch weit subtilere Begriffe in unserem Denken ihr Unwesen, die unser Selbstverständnis massiv determinieren und die ich in der Folge einmal wie unter dem Mikroskop ansehen und untersuchen möchte. Alle Verwirrung, alle Unklarheit hat ihren Ursprung letzten Endes in einem verwirrten und unklaren Denken. Deshalb möchte ich hier zunächst versuchen das, was Denken ist, selbst zu klären mit dem Ziel, bestimmte fest verankerte Blockaden zu lösen und das Denken neu in Fluss zu bringen.

Weshalb das Denken ein Ausgangspunkt ist

Warum aber, könnten Sie fragen, soll ausgerechnet dem Denken diese zentrale Rolle für unsere Selbstgestaltung zukommen – gilt es nicht ebenso Blockaden in unserem Gefühlsleben oder, womöglich noch wichtiger, im Bereich des Wollens zu lösen, wenn wir nicht ins Handeln kommen? Ja, sind es nicht vielleicht sogar eher diese Blockaden in Gefühl und Wille, die uns ebenso von einer tieferen Verbundenheit wie von der nötigen Veränderung der Welt abhalten? Wir wissen doch viel, ja alles, und tun doch fast nichts – oder eben meist das Falsche! Die Zusammenhänge einer einseitig gewinnorientierten Form von Wirtschaft und Armut sind bekannt, ebenso der Zusammenhang von Rücksichtslosigkeit und Umweltzerstörung, und doch folgt kein konsequentes Handeln daraus. Warum also, könnte man fragen, sollen ausgerechnet die Blockaden im Denken so entscheidend sein?

Diese Rückfragen sind durchaus berechtigt und können zum Anlass weiterer Überlegungen werden. Ich möchte deshalb einmal das Phänomen des Denkens selbst in den Fokus nehmen. Denken steht heute nicht besonders hoch im Kurs. Sicher haben Sie solche oder ähnliche Aussagen auch schon gehört:

Gedanken und Vorstellungsvermögen greifen nicht über uns hinaus in die reale Welt. Oder: Wir Menschen können mit dem Denken weder das Wesen der Dinge noch uns gegenseitig und schon gar nicht irgendwelche höheren Dinge verstehen. Oder auch: Das Denken ist eigentlich nur eine subjektive Spielerei von uns Menschen, die mit der Wirklichkeit nichts zu tun hat.

Das Treiben von Wissenschaftlern, Philosophen und Theologen wäre demnach ein müßiges Spiel, das am besten in nüchterner Resignation beschwiegen oder durch mystische Selbstaufgabe überwunden werden sollte – es ist im Übrigen erstaunlich, wie nahe sich beispielsweise manche traditionalistische Katholiken, materialistische Naturwissenschaftler, Hirnforscher und Zen-Buddhisten in diesem Punkt sind.

Viele Zeitgenossen tendieren eher dazu, sich gar nicht weiter mit dem Denken abzugeben. Sie sind der Auffassung, dass nicht dieser oder jener Gedanke, nicht diese oder jene gedankliche Blockade uns an einer Weiterentwicklung und Befreiung hindert – die zentrale Blockade stelle vielmehr das Festhalten am Denken selbst dar! Denken sei abstrakt, lediglich analytisch, nur konzeptuell von Bedeutung, ein mehr schlechtes als rechtes Mittel, um uns die Welt zu erklären und einigermaßen darin zurechtzukommen. Die wahre, eigentliche Wirklichkeit aber könne das Denken gar nicht erreichen.

Deshalb solle man sich lieber der Welt der Gefühle zuwenden, oder „dem Leben" als solchem. Angesichts der Art, wie das Denken oft mit Verstandeskälte gehandhabt wird, sind solche Vorbehalte nur allzu verständlich. Ja, wir kennen die flache und abstoßende Art mit Gedanken umzugehen. Aber das ist nicht die ganze und nicht die wesentliche Dimension des Denkens.

Obwohl wir eigentlich immerzu denken, haben die allermeisten Menschen keinerlei Bewusstsein davon, was sie da eigentlich tun, wenn sie denken. „Das Bedenklichste in unserer bedenklichen Zeit ist, dass wir noch nicht denken", hat Martin Heidegger einmal gesagt (in „Was heißt Denken?",

Wintersemester 1951/52). Heidegger kann uns auch noch ein wenig weiter auf die Spur zu einem mehr bewussten Denken bringen wenn er sagt: „In das, was Denken heißt, gelangen wir, wenn wir selber denken. Damit ein solcher Versuch glückt, müssen wir bereit sein, das Denken zu lernen." Denken als etwas, was wir als vernunftbegabte Wesen immer schon können und doch nur selten bewusst tun – darum soll es hier gehen.

Denken macht frei – Despoten wollen Dummheit

Noch vor aller Vergewisserung über das Denken an sich möchte ich betonen: Wer es von vornherein in Abrede stellt, mit Hilfe des Denkens zu wirklichkeitsfähigen Einsichten zu kommen, gibt damit eine der wichtigsten Möglichkeiten preis, die wir überhaupt zur Verfügung haben, um uns zu verständigen und zu einigen: das vernünftige Denken. Im Zeitalter der Aufklärung setzte sich gegen den autokratischen Anspruch der politischen Herrschaft und gegen den Dogmatismus kirchlicher Gewalt die Einsicht durch, dass allen Menschen die Fähigkeit eigen ist, aufgrund der ihnen von Natur aus gegebenen Vernunft Zusammenhänge selbständig zu durchschauen und ihr Leben eigenständig zu führen. Bloße Tradition oder der Verweis auf transzendente Mächte genügten als Begründung immer weniger, stattdessen wurde die vernünftige Nachvollziehbarkeit von Argumenten zum Maßstab. Vernunft als die Basis, sich in einem überschaubaren Gerüst von Gründen und im Rahmen schlüssiger Auseinandersetzung und Argumentation zu verständigen ist eine Vorbedingung für den sozialen Zusammenhalt, die wir gar nicht hoch genug schätzen können. Denken ist der Rahmen für Dialog und Konsens schlechthin. Diese essentielle Bedeutung der Vernunft gilt unabhängig davon, ob man Vernunft mehr als Ergebnis sich allmählich bildender theoretischer Konventionen ansieht oder in der Vernunft eine tiefere, Welt und Menschen umfassende Dimension etwa in der Art von „Logos" (Heraklit) oder „Weltgeist" (Hegel) sieht. In gesellschaftlicher Hinsicht ist zunächst nur das ordnungs- und konsensermöglichende Potenzial der Vernunft von entscheidender Bedeutung, das sich aus Prinzipien wie der Intersubjektivität beziehungsweise dem Anspruch der Widerspruchsfreiheit innerhalb des Denkens ergibt. Im Sinne von Habermas lässt sich auch von einer (immer noch und immer wieder neu im Werden befindlichen) *kommunikativen Vernunft* sprechen, durch die in einem – freilich idealen – herrschaftsfreien Raum ein soziales Miteinander möglich ist, das auf kritischer Hinterfragung und eben auch auf *Einsicht* beruht.

Genau deshalb wird dieses vernünftige Denken und die denkende Vernunft heute durch etliche Kampagnen so massiv angegriffen: Troll-Fabriken und Social Bots, mit deren Hilfe quasi-automatisch in den sozialen Netzwerken Meinungen reproduziert und manipuliert werden, aber auch ideologische und verschwörungstheoretische Video-Plattformen sind Symptome, die das oben charakterisierte Wirken kommunikativer Vernunft ad absurdum zu führen scheinen. Die dreiste Infragestellung von belegbaren Tatsachen durch politisch motivierte Kreise, die massenhafte maschinelle Propaganda in den sozialen Netzwerken und das reflexhafte Positionieren von Lügen oder auch gezielten Halbwahrheiten führen im Effekt zu einer Dekonstruktion jeder denkend-vernünftigen Auseinandersetzung. Auch wenn die Tatsachenverdrehungen noch so offensichtlich sind – oder vielleicht gerade deswegen – hinterlassen solche Praktiken bei einem großen Teil der Öffentlichkeit das fatale Gefühl, dass man am Ende trotz allen Bemühens doch nichts wirklich wissen könne. Bereits Hannah Arendt hat zu solchen Vorgängen festgehalten:

„Man hat oft bemerkt, dass das sicherste Ergebnis der sogenannten Gehirnwäsche nicht eine veränderte Gesinnung, sondern jener Zynismus ist, der sich weigert, irgend etwas als wahr anzuerkennen. Wo Tatsachen konsequent durch Lügen und Totalfiktionen ersetzt werden, stellt sich heraus, dass es einen Ersatz für die Wahrheit nicht gibt. Denn das Resultat ist keineswegs, dass die Lüge nun als wahr akzeptiert und die Wahrheit als Lüge diffamiert wird, sondern dass der menschliche Orientierungssinn im Bereich des Wirklichen, der ohne die Unterscheidung von Wahrheit und Unwahrheit nicht funktionieren kann, vernichtet wird." (Arendt 1972)

Ähnlich äußerte sich im Blick auf gegenwärtige Vorgänge die frühere Piraten-Sprecherin Marina Weisband in einem Beitrag für „Die Zeit":

„Wenn du steif und fest behauptest, der Himmel sei grün, ist dein Ziel nicht, dass ich dir glaube. Dein Ziel ist, das so lange zu tun, bis ich sage: ‚Das ist deine Meinung. Ich habe meine. Niemand kann objektiv sagen, welche Farbe der Himmel hat.' So legitimiert man das offensichtlich Falsche. Das funktioniert, weil der Mensch nur begrenzte Ressourcen hat, um kognitive Dissonanz, also widersprüchliche Informationen, auszuhalten ... Es ist wichtig, dass wir uns jeden Tag gegenseitig versichern, dass das Lügen sind, dass das *nicht* normal ist und dass wir unseren Augen vertrauen können. Es ist wichtig, bestimmte Einigungen der Gesellschaft nicht in Frage zu stellen."

Ist aber dieser grundlegende Vertrauensverlust gegenüber der denkenden Vernunft durch ihre permanente Verspottung erst weit genug fortgeschritten, haben jene Kräfte leichtes Spiel, die an Stelle von Denken, Vernunft und Verständigung Ideologie, Desinformation und Gewalt setzen wollen. Es wird leider immer offensichtlicher, dass das Ausschalten von Denken und Vernunft auf eine einseitige Vorherrschaft der Emotionen und eines triebhaften Willens-Elements hinausläuft. Genau das wird von rechtsgerichteten Philosophen wie Marc Jongen auch ausdrücklich beschworen, die unserer Gesellschaft einen Mangel an Wut, griechisch „Thymos" attestieren. So wird das bedauerliche Phänomen der „Volksverräter"-Brüller auf den Straßen auch noch philosophisch geadelt.

Denken ordnet

Das Unterlaufen des Denkens hat schon im privaten Leben fatale Folgen: Ohne das Denken, sich selbst überlassen, bleiben nämlich sowohl die Gefühle als auch der Wille gleichsam blind. Wie das? Heißt es nicht oftmals: „Trau' Deinen Gefühlen!" oder „Höre auf deinen Bauch!"? Gewiss. Und nicht selten wird ja auch in unübersichtlichen Situationen vom „gesunden Menschenverstand" gesprochen. Oft sind dann aber eigentlich eher unreflektierte Emotionen am Werk, auch wenn so etwas erst einmal überzeugend und lebensvoll klingen mag. Bei näherem Hinsehen zeigt sich aber ein blinder Fleck dieses Gefühlsglaubens: Ein Gefühl kann mehr oder weniger intensiv sein, angenehm oder unangenehm – ob es angesichts einer Situation aber tatsächlich weiterführt, auf sein Gefühl zu hören, kann ein Gefühl allein gar nicht klären. Auch das ist schon im persönlichen Leben offensichtlich: Wenn ich etwa Angst vor einem Arztbesuch habe, wäre ich schlecht beraten, diesen abzusagen, weil mir „mein Bauch" dazu rät, die Angst zu meiden. Auch für eine Prüfung lernen zu müssen, kann sich zunächst einmal schlecht anfühlen, obwohl sich mir mit einem bestandenen Abitur oder einer absolvierten Führerscheinprüfung viele neue Möglichkeiten im Leben eröffnen – das aber sagt mir nicht mein Gefühl. Umgekehrt gibt es jede Menge „guter Gefühle", die sich recht destruktiv auswirken können, ich denke da nur an manche romantische Abenteuer.

Schlimmer noch: Auch Gefühle wie Wut und Rache können, wenigstens im Moment, enorm positiv und befriedigend wirken, ihre Folgen werden es weniger sein. Jegliche Macht- und Überlegensheitsgefühle, zumal in Gruppen, fühlen sich „vom Bauch her" im Moment des Geschehens großartig an. Auch Autonome fühlen sich hoch lebendig, wenn sie Scheiben einwerfen und Polizisten verprügeln, und Pegida-Demonstranten oder Neonazis haben ein gutes Bauchgefühl, wenn sie Verwünschungen gegen die Regierenden skandieren oder ein Asylbewerberheim angreifen. Mit anderen Worten: Ein Gefühl sagt viel über mich und meinen jeweiligen Zustand aus, aber wenig über Bedeutung und Wert eines Sachverhalts. Wenn sie sich von jeder vernünftigen Einbettung abkoppelt, wird Emotionalität eine verabsolutierte Größe, die sich nicht mehr von Argumenten oder einem Verweis auf dem Gefühl widersprechende Tatsachen erreichen lässt – dann herrscht das „post-faktische" Zeitalter.

Ein Gefühl kann erst dann zu einem Instrument innerhalb eines komplexeren Zusammenhangs werden, wenn ich es im Kontext anderer Vorstellungen abwäge. Hier spielt dann vor allem eine Rolle, wie mein jeweiliger Werterahmen aussieht. Das gilt nicht nur im Politischen und Sozialen, sondern auch im Biographischen. Ich kann zum Beispiel bei einer Trennung aus einer nicht mehr tragfähigen Beziehung am Ende ein gutes Gefühl haben, obwohl ich dabei zunächst Gefühle wie Trauer oder Verlustangst durchmachen musste – Gefühle, die ich doch eigentlich vermeiden wollte. Das gute Gefühl steht dann erst am Ende und nicht am Anfang einer bewussten Entscheidung, bei der eben mehr beteiligt war als nur das Gefühl. Unser Fühlen als Sensorium dagegen erweist sich von komplexen Situationen oft überfordert, es meldet sich meist auch äußerst wechselhaft, mal so und dann so zu Wort, so dass ich durch Höhen und Tiefen gehe.

Wir können es auch auf die einfache Formel bringen: Gefühle können sich nicht selbst einordnen und bewerten, dazu sind immer denkende Vorstellungen nötig.

Ähnlich verhält es sich mit dem Willen, der zwar gegenüber dem Denken viel mächtiger in seiner Kraft erscheint, sich aber doch nicht selbst ein Ziel setzen kann. Auch dazu braucht es den „Umweg" über eine (Ziel-)Vorstellung, die wieder mit Denken zu tun hat. Ansonsten gilt ähnliches wie beim Gefühl: Wille ohne Gedanke beziehungsweise Vorstellung bliebe rein instinktiv und ist unter Umständen ein schlechter Ratgeber. Unbewusster Wille kann sich aufschaukeln, gerade im kollektiven Rahmen, und dann jede Kontrolle durch die Vernunft verlieren. Das Gefühl ebenso wie der Wille brauchen das Verbindende, Orientierende und Zielführende der Gedanken.

Außerdem noch eine kleine Spitzfindigkeit: Selbst diejenigen, die sich gegen das Denken und für die Bedeutung von Gefühl oder Tat aussprechen, tun dies zuletzt selbst mit Hilfe des Denkens. Nicht selten habe ich erlebt, dass gerade diejenigen, die gegen das Denken antreten, gern selbst „Konzepte" schaffen, die mit vielen Begriffen erklärt und begründet werden, bei denen dann eben den Gefühlen oder „dem Leben" die zentrale Rolle zugedacht wird. Meiner Überzeugung nach gibt es aber gute Gründe, das Denken gerade wegen der Option von mehr statt weniger Bewusstheit als etwas Besonderes ebenso für die eigene Lebensführung wie für das soziale Miteinander zu schätzen, das uns auf unserem Weg weiterhelfen kann – und dann auch Gefühl und Wille in seine Rechte setzt.

Ich möchte es einmal ganz elementar so formulieren: Unser Leben entscheidet sich in unseren Gedanken. Oder, weniger pathetisch: Es entscheidet sich daran, wie wir über uns denken und ob wir die Möglichkeit einer Selbstkorrektur im Medium des Denkens offenhalten, persönlich wie gesellschaftlich. Zum Beispiel: Ein richtiger Gedanke zur richtigen Zeit kann uns aus einem Gefühls-Chaos erlösen, die richtige Idee am richtigen Ort macht uns ein Tor zur Zukunft auf. Umgekehrt versperren uns falsche Gedanken und Vorstellungen lange den Weg – manche davon übernehmen wir ungefragt oder in vermeintlicher Übereinstimmung mit anderen (nicht selten auch mit vermuteten Mehrheiten) und machen sie zu Glaubenssätzen, obwohl sie uns an einer freien Entfaltung unserer Potenziale hindern. Sie werden zu Denk-Blockaden, die wir nicht mehr hinterfragen, umso weniger, als sie dem intellektuellen Mainstream unserer Zeit angehören. Genau deshalb setze ich mich hier kritisch mit ihnen auseinander.

Wie Denken die Wirklichkeit erreicht

Ich möchte jetzt noch einige mehr philosophische Begründungsmöglichkeiten dafür zusammenzutragen, warum wir im Denken einen tatsächlich allen zugänglichen und auch für alle gültigen Verständnisrahmen gegeben haben, der wirklichkeitsfähig ist. Den Anfang mache ich hier mit dem Hinweis auf jüngere, evolutiv orientierte Untersuchungen zum Verhältnis von Wirklichkeit und Erkennen, die der Philosophen Wolfgang Welsch (Welsch 2012) vorgelegt hat. Welsch verweist nämlich auf einen verblüffend einfachen Schluss aus der Tatsache des (zumindest bisherigen) Überlebens des Menschen, der ja von jeher als „animal rationale", also als denkendes Lebewesen charakterisiert wird: Dem menschlichen Denken, so folgert Welsch, müsse Wirklichkeitshaltigkeit schon deshalb zugesprochen werden, weil es sich im Zuge der Evolution als überlebenskonform erwiesen hat. Wäre das Denken nicht in der Lage, elementare real existierende Ordnungen sachgemäß zu erfassen, dann hätten wir als Gattung die Folgen einer grundsätzlichen Nicht-Kongruenz von Denken und Wirklichkeit schlicht nicht überlebt. „Der Erfolg einer sich weitesthin auf kognitive Leistungen stützenden Spezies", so Welsch, „spricht dafür, dass deren kognitive Leistungen großenteils richtig sind". „Die Evolution liegt nicht hinter uns. Sondern wir haben den Gang der Evolution in uns", so Welsch weiter. Elementare Möglichkeiten des Menschseins wie Leben, Fortpflanzung, Empfindungsfähigkeit, räumliches Sehen – die Liste ließe sich fortsetzen – sind fortlaufende Wirkungen der Evolution in uns. Und warum sollte unser Erkennen eigentlich weniger „naturhaft" stimmig sein als alles andere? Niemand würde ja auf die Idee kommen, andere lebenskonforme „Erfindungen" der Evolution wie die Photosynthese bei den Pflanzen oder die Fluchtinstinkte bei Tieren als lediglich subjektive Kategorien zu bezeichnen, die mit der Welt, wie sie „wirklich ist", nichts zu tun hätten. Nein: Photosynthese arbeitet mit chemischen Realitäten und Instinkte reagieren auf echte Gefahren. Beides, sowohl die Grundfunktionen des Lebens wie auch des instinkthaften Verhaltens, sind Phänomene, die von einer feinstens abgestimmten Interaktion zwischen den Wesen und ihrer Umwelt sprechen. Photosynthese und Instinkte sind für uns selbstverständlich Bestandteile der einen, natürlichen Wirklichkeit. Erst beim menschlichen Erkennen ziehen viele Philosophen und Wissenschaftler diese eigentümliche Grenze zwischen der „realen Welt" der Dinge und der angeblich nur subjektiv abgebildeten Innenwelt in Form unserer Vorstellungen und Begriffe über die Dinge. Gewiss, das wird von vielen Philosophen und Wissenschaftlern so gesehen. Ich möchte aber dazu einladen, einmal unbefangen zu fragen: Was soll so unglaublich und unwahrscheinlich daran sein, eine gemeinsame Wirklichkeit von Denken und Sein anzunehmen? Sie widerspricht freilich den meisten heutigen Denkgewohnheiten, denen zufolge ja die Natur (Materie) das allein Wirkliche und das Denken nur ein durch den Menschen hinzukommendes, subjektives Element sei. Genau das aber bezweifle ich hier, um stattdessen einer tieferen Identität von Natur und Geist nachzugehen.

Denken und Sein

Einer der großen Denker, die eine solche tiefere Bezogenheit von Sein und Denken behauptet haben, ist Hegel. In seiner „Enzyklopädie der philosophischen Wissenschaften" sagt er:

„Diejenigen, welche von der Philosophie nichts verstehen, schlagen zwar die Hände über den Kopf zusammen, wenn sie den Satz vernehmen: Das Denken ist das Sein. Dennoch liegt allem unserem Tun die Voraussetzung der Einheit des Denkens und des Seins zugrunde."

So erstaunlich diese Aussage zunächst wirken mag und so sehr sie einem kritischen Wissenschaftsverständnis widersprechen könnte: Achten Sie einmal darauf, wie sehr wir alle tatsächlich im Alltag von dieser Voraussetzung ausgehen.

Wie sich diese Korrelation von Welt und Denken plausibel denken lassen könnte, dafür hat der Philosoph Holm Tetens (Tetens 2015) einige Bausteine geliefert. Beispielsweise weist er darauf hin, wie elementar für alles Verstehen der Welt die (begründete) Annahme ist, dass unser Denken mit den Naturgesetzen übereinstimmt – im Übrigen eine Position, die von den alten Griechen ausgehend über die thomistische und islamische Theologie bis zum deutschen Idealismus eine Morgen- und Abendland umspannende Annahme ist, von der selbst die moderne Naturwissenschaft noch unbewusst lebt. Darauf hat unter anderem auch Papst Benedikt in seiner Regensburger Rede aufmerksam gemacht und damit der hier gemeinten

Vernunft-Koalition eine weitere Facette hinzugefügt. Nur auf dieser Grundlage kann ich davon ausgehen, dass es mehr als eine Hypothese oder bloße Konstruktion ist anzunehmen, dass die Planeten *tatsächlich* um die Sonne kreisen und dass aufgrund ihrer Bahn und der spezifischen Neigung zur Sonne die Jahreszeiten entstehen.

Auch ein anderer Gegenwartsautor, der renommierte US-Philosoph Thomas Nagel, ist heute überzeugt, dass die alte Trennung von Denken beziehungsweise Geist auf der einen und der Natur auf der anderen Seite nicht mehr gilt, sondern dass wir sogar von einem gemeinsamen Ursprung beider Teile der Wirklichkeit ausgehen müssen:

„Was mich leitet ist die Überzeugung, dass der Geist nicht bloß ein nachträglicher Einfall oder ein Zufall oder eine Zusatzausstattung ist, sondern ein grundlegender Aspekt der Natur ... Die Auffassung, dass die Naturordnung im Kern rationale Intelligibilität aufweist, macht mich zu einem Idealisten im weiten Sinne – keinem subjektiven Idealisten, da sie nicht auf die Behauptung hinausläuft, dass alle Realität letzten Endes äußerer Schein ist, sondern einem objektiven Idealisten in der Tradition Platons und vielleicht auch bestimmter Nachkantianer wie Schelling und Hegel, die üblicherweise absolute Idealisten genannt werden ... Der Geist steht nach dieser Auffassung in einem doppelten Zusammenhang mit der Naturordnung. Die Beschaffenheit der Natur lässt bewusste Wesen mit Geist entstehen; und die Beschaffenheit der Natur ist für derartige Wesen verstehbar." (Nagel 2013)

Ich möchte so verwegen sein und behaupten: Nur weil eine tiefere Identität von Natur und Geist besteht ist es tatsächlich möglich, dass wir uns mit Hilfe des Denkens an die räumlichen und zeitlichen Grenzen des gesamten Universums herangetastet haben. Räumlich, indem die Ausmaße des Universums mit seinen unzähligen Galaxien zwar unvorstellbar bleiben, aber doch nicht gänzlich unkonturiert, sondern im Gegenteil sogar recht exakt in die Begriffe der Astrophysik zu fassen sind. – Das Gleiche gilt für den zeitlichen Beginn des Universums, den die Wissenschaft heute mit einer unglaublichen Präzision in sämtlichen Details bis hin zu Sekunden nach dem Urknall zu rekonstruieren vermag. Und dieses Denken soll gar nicht wirklichkeitsfähig sein – nur eine subjektive, evolutionär zufällig entstandene Ausstattung des Menschen? Wie leichtfertig, so zu urteilen! Wie spricht das gerade den exakten Naturwissenschaften Hohn!

Ohne Denken ist die Welt nicht fertig

Die einmal gefundene Gleichung Hegels, die da lautet Denken = Sein (siehe oben) lässt sich, wie jede Gleichung, auch umdrehen; dann gilt: Sein = Denken. Es ist die von Aristoteles herkommende Idee, dass gelingende Erkenntnis eins mit ihrem Gegenstand wird. Dasjenige, was in der realen Welt den Gegenstand als Prinzip oder Wesen formt, erscheint in unserem erkennenden Geist als das, was den Gegenstand begreift. Ähnlich hat übrigens auch Goethe gedacht: Was er unter der „Urpflanze" versteht ist nicht etwa eine subjektiv-menschliche Abstraktion aus allen realen Pflanzen, sondern ein wirkendes Inbild, ein Kraftpotenzial, das in jeder Pflanze wirkt und das in unserem Geist mitvollzogen wird, wenn wir eine Pflanze erkennen. Das würde ausbuchstabiert bedeuten: Mit unserem Denken finden wir die in der Welt liegende (geistige) Ordnung wieder. Es gibt somit erstens eine Ordnung der Dinge und zweitens ist diese Ordnung unserem Denken zugänglich, sie geht mit ihm konform. Das würde auch erklären, warum wir uns trotz aller Widersprüche auf den unterschiedlichen Erkenntniswegen, trotz allen trennenden, nur emotionalen und oft auch irrationalen Denkens unter Menschen, trotz ideologischer Verirrungen und subjektiver Vereinseitigungen, im Persönlichen wie im Politischen oder auch weltanschaulichen Leben eben doch immer wieder in der gemeinsamen Ordnung der Wirklichkeit wiederfinden, den guten Willen dazu vorausgesetzt. Die eine Sonne geht für alle auf!

Mit Hilfe des Denkens dringen wir also, wenn wir die richtigen Begriffe zu unseren Fragen und Wahrnehmungen finden, zur Wirklichkeit vor. Man kann sogar noch einen Schritt weitergehen und sagen: Ohne diese Begriffe, ohne die aufgefundenen Naturgesetze vor allem, wäre die Welt gar nicht vollständig. Im denkend-erkennenden Bewusstsein kommt die Welt gleichsam zu sich selbst. Rudolf Steiner hat dazu in seinem Buch „Die Philosophie der Freiheit" (1894) ein Gedankenexperiment angeregt. Er schlägt vor sich einmal klarzumachen, dass man meist nur deshalb das Denken als nicht-objektiv und nicht-wirklichkeitshaltig ansieht, weil es als inneres Phänomen in uns Menschen auftaucht, also gewissermaßen als etwas, das nur innerhalb des Kopfes existiert. Gegenüber der Welt und ihren Dingen wäre dann der Begriff nur etwas sekundär Abbildendes. Steiner aber dreht nun das Ganze um und fragt:

„Mit welchem Recht erklärt ihr die Welt für fertig ohne das Denken? Bringt nicht mit der gleichen Notwendigkeit die Welt das Denken im Kopfe des Menschen hervor wie die Blüte an der Pflanze? Pflanzet ein Samenkorn in den Boden. Es treibt Wurzeln und Stengel. Es entfaltet sich zu Blättern und Blüten. Stellt die Pflanze euch selbst gegenüber: Sie verbindet sich in eurer Seele mit einem bestimmten Begriff. Warum gehört dieser Begriff weniger zur ganzen Pflanze als Blatt und Blüte? Ihr sagt: die Blätter und Blüten sind ohne ein wahrnehmendes Subjekt da; der Begriff erscheint erst, wenn sich der Mensch der Pflanze gegenüberstellt. Ganz wohl. Aber auch Blüten und Blätter entstehen an der Pflanze nur, wenn Erde da ist, in die der Keim gelegt werden kann, wenn Licht und Luft da sind, in denen sich die Blätter entfalten können. Gerade so entsteht der Begriff der Pflanze, wenn ein denkendes Bewusstsein an die Pflanze herantritt."

Wir können also die blockierenden Zweifel an der Wirklichkeitshaltigkeit des Denkens fallen lassen. Auch wenn damit nicht alle Fragen beantwortet und nicht alle Rätsel über das Denken gelöst sind, können wir doch die anfängliche Blockade auflösen und Vertrauen in ein Denken aufbauen, das uns mit dem Sein der Dinge verbindet.

2.
Fragwürdiger Relativismus und angemessene Behutsamkeit

In vielen Diskussionen, bei Seminaren oder auch in lockerer Runde ist er zu hören, ein auf Anhieb sympathisch bescheiden wirkender Satz: „Es gibt keine Wahrheit". Tatsächlich ist diese Aussage eine der größten Denkblockaden mit denkbar weitreichenden Folgen – nicht zuletzt auch für den sozialen Zusammenhalt. In diesem Kapitel möchte ich versuchen, diese Blockade aufzulösen und die Idee der Wahrheit zu verteidigen, allerdings ohne in einen Wahrheits-Absolutismus zu verfallen. Ob das gelingen kann? Wir werden sehen.

Im vorangegangenen Kapitel hatte ich bereits gezeigt, wohin ein allgemeiner Relativismus führt und welche auch politisch gefährlichen Folgen er hat. Warum will ich mich hier nun noch etwas genauer mit diesem fast zum Allgemeinplatz aufgestiegenen Glaubenssatz auseinandersetzen, wonach es keine Wahrheit gibt? Nicht deshalb, weil er schon logisch unhaltbar ist. Denn diese Aussage, welche die Existenz von Wahrheit leugnet, will ja selbst offenbar als wahr gelten und nicht als falsch abgetan werden. Wer so redet, argumentiert sogar oft leidenschaftlich – er will überzeugen, weil er doch zweifellos glaubt, etwas Wahres zu sagen. – Aber mein Haupteinwand ist hier zunächst nicht ein logischer, sondern ein gleichsam energetischer: Ich möchte für eine Verteidigung der Wahrheit werben, weil das Streben nach Wahrheit einen der elementarsten und stärksten Antriebe bildet, die wir Menschen überhaupt kennen – er wirkt sogar noch dann, wenn man die Möglichkeit von Wahrheit abstreitet!

Es ist schier unglaublich, wohin uns Menschen der Wahrheitsdrang führen kann – ohne das Streben nach Wahrheit, ohne den Drang zur Bestätigung ihrer Ideen, Einsichten und Erkenntnisse würde es die meisten Entdeckungen und Erfindungen nicht geben; wir Menschen hätten nie die Meere, die Luft und den Weltraum erschlossen. Ohne die Liebe zur Wahrheit würden die Philosophen nicht versuchen, zu den letzten Fragen durchzudringen und die Theologen und Mystiker hätten sich nie in die Nähe Gottes gewagt. Genauso kraftvoll und grundlegend wie der Wille, zu überleben, also die eigene Existenz zu sichern, ist der Drang, die mit dieser Existenz verbundenen Fragen nach dem Wie und Warum zu beantworten.

Der Antrieb zur Wahrheitssuche, nach Erkenntnis und letzter Gewissheit, ist ein einzigartiger Quell von Kreativität und Forschergeist, von wissenschaftlicher, aber auch künstlerischer Entwicklung – denn die Wege zur Wahrheit sind zahlreich, wenn auch das Besondere darin liegt, dass sie alle letztendlich zu der Einen Wahrheit führen. Denn dass es am Ende nur eine Wahrheit gibt, das genau macht ihre Faszination aus.

Die Gefahr des Beliebigen

Dagegen hat sich im allgemeinen Diskurs eher die ahnungslose Rede durchgesetzt, wonach jeder seine eigene Wahrheit besäße. In einer Theaterkritik konnte ich einmal lesen, dass jeder Zuschauer anschließend „mit seiner eigenen Wahrheit nach Hause gegangen ist". Es mag ja sicher jeder mit seinen eigenen Eindrücken und seiner eigenen Interpretation des Stückes nach Hause gegangen sein – aber mit seiner eigenen Wahrheit? Das klingt fast so als wäre die Wahrheit ein persönliches Eigentum oder ein Souvenir, das man von einer Aufführung mitnehmen könnte. Solche Redensarten zeigen zunächst einmal, dass man von Wahrheit gar keinen Begriff hat, sondern meist eher mit einer Worthülse umgeht.

Mehr wissenschaftlich formuliert lässt es sich durchaus klug im Plural von „den Wahrheiten" oder auch „den Rationalitäten" reden. Von der einen Wahrheit zu „den" Wahrheiten ist es nur eine kleine grammatische Änderung – allerdings mit gravierenden Folgen. Der postmoderne Zeitgeist beraubt uns damit aber einer einzigartigen Energie: der Fähigkeit zum ausdauernden und oft entbehrungsreichen Suchen, die das Streben nach der Wahrheit freisetzt und selbstverständlich auch des Glücks, das es bedeutet, wenn wir endlich – vorsichtig ausgedrückt – mit der Wahrheit in Berührung kommen. Wer dagegen meint, es gäbe gar keine Wahrheit, macht einem Relativismus Raum, der zwar zunächst großzügig wirkt. Gewiss, wenn wir auf den Anspruch von Wahrheit verzichten, wird es scheinbar lockerer auf der Welt – dann hat jeder irgendwie Recht und es kommt nicht so genau darauf an, wie. Manche glauben gar, die Welt würde – endlich! – friedlicher werden, wenn wir auf den Anspruch auf „die" Wahrheit verzichten. In Wirklichkeit paaren sich erfahrungsgemäß gerade mit dem größten Relativismus nicht selten stärkste Machtambitionen. Nicht nur kippt der Verzicht auf Verbindlichkeit schnell in die Diktatur des Beliebigen. Mehr noch: Oft verzichtet einer auf die Wahrheit, um nur so entschiedener den eigenen Standpunkt absolut zu setzen. Wie ich in der Einleitung schon gezeigt habe, bietet das weltpolitische Geschehen der Gegenwart trauriges Anschauungsmaterial dafür, wie der Begriff von Wahrheit sturmreif geschossen wird, so als gäbe es „alternative Fakten" und als würde die Geltung von Wahrheit nur von der Willensstärke abhängen, mit der dann umso brutaler das eigene Weltverständnis an die leer gewordene Stelle gesetzt wird.

Das beliebige Hantieren mit der Wahrheit schließt durchaus ein, sich bei anderer Gelegenheit gern als deren innigster Verteidiger zu gebärden: „Man darf nicht mehr die Wahrheit sagen", beschweren sich Populisten – und sagen gleichzeitig, was sie sagen wollen in frei zugänglichen Büchern und Schriften, im Internet und nicht selten auch in öffentlich-rechtlich organisierten Talkshows. „Man darf nicht mehr die Wahrheit sagen" – so wettern manche daher und meinen doch gar nicht die Wahrheit, sondern nur ihre meist enge Interpretation der Dinge. „Man darf ja nicht mehr die Wahrheit sagen!", beklagen sich Rechtsextreme, die ihre Lügen über den angeblich gar nicht begangenen Völkermord an den Juden verbreiten wollen.

Das fragwürdige Pathos, mit dem das Verteidigen der Wahrheit ausgerechnet von rechten und manchmal auch linken Populisten vorgebracht wird, hat möglicherweise auch damit zu tun, dass der kulturelle Mainstream um diesen Begriff schon lange einen Bogen macht. Der geschätzte Wert der Postmoderne heißt nicht Wahrheit, sondern Beliebigkeit, und nichts scheint dem allseits gepflegten Individualismus, der Provokation, der Ironie und dem Zynismus so sehr zu widersprechen wie der Wahrheits-Anspruch.

Umgekehrt möchte ich fragen: Geht man, wenn man so denkt, nicht nur der Mühe aus dem Weg, nach wirklich begründeter Gültigkeit zu fragen? Ist es nicht oft einfach nur bequem, einen gewissen Relativismus gelten zu lassen? Und noch psychologischer gefragt: Zollen wir mit diesem Zugeständnis nicht nur der postmodernen Eitelkeit Respekt, wonach eben jeder Einzelne heute beansprucht, seine „ganz persönliche Wahrheit" zu haben? Denn genau das ist eigentlich der Gipfel des Narzismus: Dass jeder einzelne seine persönlichen Vorlieben zur Wahrheit erklärt, und zwar der ganz eigenen. Wieder bemerken wir: Was zunächst ganz bescheiden wirkt, hat eine Schattenseite subtilen Hochmuts. Statt nach der einen und wirklich gültigen Wahrheit zu suchen, begnügen wir uns mit einer als „persönlich" geadelten Wahrheit – die wir dann als solche faktisch doch für absolut setzen, weil ja für uns nur allein das gelten soll.

Sicher ist: Die Wahrheit kann niemand besitzen. Und erst recht nicht kann man sie, wie schon das Sprichwort weiß, für sich pachten. Und doch: Die Gefahren des Umgangs mit der

Wahrheit sollten nicht dazu führen, sie selbst abzulehnen oder den ihr eigenen Anspruch abzumildern. Wahrheit muss, ihrem Wesen gemäß, etwas Absolutes sein – das ist das Faszinierende und darin liegt zugleich auch ein Risiko. Aber auch von der Liebe würden wir ja nicht lassen, weil sie sich in der Folge oftmals als Ausgangspunkt für viel Unglück erweist. Negative Begleiterscheinungen sprechen nicht gegen das Wesen einer Sache. Und gerade das Umkämpfte des Wahrheitsbegriffs scheint mir darauf hinzuweisen, dass sie jedem von uns etwas bedeutet und dass auch jeder von uns zumindest eine Ahnung von ihrem Wesen hat. Diesem möchte ich mich jetzt in gewissen Stufen annähern in der Überzeugung, dass Wahrheit für uns, sowohl im persönlichen wie im sozialen Leben, trotz aller damit verbundenen Schwierigkeiten ein unverzichtbarer Leitstern ist, den wir für ein gelingendes Leben brauchen.

Wann und in welchem Zusammenhang sprechen wir überhaupt von Wahrheit? In vielen Fällen, wo wir mehr gewohnheitsmäßig von Wahrheit reden, geht es eigentlich um das Zusammenstimmen von Aussagen und Fakten – es geht um Tatsächlichkeit. Von jeher spricht man auch von Tatsachenurteilen, wo die Gültigkeit einer Aussage im Abgleich mit den entsprechenden Wahrnehmungen erfolgen kann. Zum Beispiel sehe ich beim Spazierengehen in der Ferne auf einer Wiese ein Tier laufen und rufe überrascht aus: „Ein Reh!" Meine Begleiterin meint, das sei nicht wahr. Sie hat bessere Augen als ich und dass sie Recht hat zeigt sich, als uns beiden dann der Hase geradewegs vor die Füße läuft; ein echter Feldhase, der mit seinen hochgestellten Ohren und wegen seiner imposanten

Größe von Weitem durchaus mit einem jungen Reh verwechselt werden kann. Mein Urteil stimmte nicht mit den Tatsachen überein, ich hätte, eingedenk meiner nachlassenden Sehkraft, mein Urteil besser zunächst als These ausgegeben und abgewartet, ob eine genauere Wahrnehmung meine Annahme bestätigt. Es war eine Situation, bei der sich durch einen Abgleich der Gedanken mit den situativen Tatsachen die Angemessenheit oder Richtigkeit eines Urteils überprüfen ließ – so lässt sich die Wahrheit finden, nicht selten so, dass unterschiedliche Wahrnehmungen sich am Ende in einer Wahrheit zusammenschließen (mehr dazu auch im folgenden Kapitel). Der Weg zur Wahrheit hat deshalb – ebenso wie mit der persönlichen Aufrichtigkeit – auch oft etwas mit gemeinschaftlichen Prozessen zu tun. Nicht umsonst trugen jene Institutionen, die sich in Südafrika der Aufarbeitung des Apartheid-Unrechts widmeten, den Namen „Wahrheits-Kommissionen".

Der andere Fall, in dem es um den Unterschied von wahren und falschen Aussagen geht betrifft den Bereich begrifflicher Schlüsse. Zum Beispiel passt es nicht zum Begriff von gesellschaftlicher Freiheit, wenn in einem Staat die Medien bei unliebsamer Berichterstattung staatlich drangsaliert werden. Der Begriff Freiheit verträgt sich nicht mit dem Begriff Zwang. Wenn ein Theoretiker oder Philosoph meinen würde, es sei ein Zeichen von Freiheit, wenn ein Staatslenker sich nicht an Gesetze hält, würde er ebenfalls falsche Schlüsse ziehen, seine Aussagen wären nicht wahr.

Eine weitere, äußerst wichtige Dimension von Wahrheit ist die juristische: Bei einem Strafverfahren, beispielsweise bei einem Verkehrsunfall mit Fahrerflucht, ist das Gericht gehalten, den Vorgang so gut es geht „der Wahrheit entsprechend" zu rekonstruieren. Jeder weiß, wie schwer bis unmöglich das oft ist, zumal ein Beschuldigter möglicherweise alles tun wird, den wahren Tathergang zu verschleiern beziehungsweise ihn einseitig darzustellen. Dennoch hängt unser ganzes Rechtssystem an der Annahme, dass Wahrheitsfindung möglich ist, und das gilt ungeachtet der Tatsache, dass das Rechtbekommen oft auch eine Frage guter Anwälte ist. Wer hier den Begriff von Wahrheit fundamental relativiert, die Möglichkeit der Wahrheitsfindung als solche abstreitet, bedenkt möglicherweise die Folgen nicht.

Wahrheit lässt sich gewahren

Über das Prüfen von Tatsächlichkeiten hinaus und außerhalb des Juristischen öffnet sich aber noch eine weitere Dimension von Wahrheit, vielleicht sogar die entscheidende. Ich möchte dazu einladen, hier einmal Wahrheit in einem existenziell-philosophischen Sinne zu befragen. Dies schließt die zuvor betrachteten Gebiete wahrer Urteile ein, geht aber noch darüber hinaus.

Wie schon im Bereich der wissenschaftlichen oder juristischen Erkenntnissuche Wahrheit immer nach Gültigkeit sucht, zielt Wahrheit ihrem Wesen nach auf etwas Letztgültiges und Evidentes, etwas, gegenüber dem keine Relativierung durch ein Zweites mehr möglich ist. Etwas, das sich nicht herleiten oder definieren lässt, sondern das mehr mit einem bestimmten Zustand des Erfahrens zu tun hat. Dem kommen wir näher, wenn wir der eigentlichen Wortbedeutung nachspüren: Wahrheit hängt als Tätigkeit mit „gewahren" zusammen, was mehr meint als das einfache Wahrnehmen im Sinne sinnlicher Perzeption. Gewahren meint nicht, einfach passiv etwas zu empfangen, sondern sich einer Sache in einem besonderen Zustand von Aufmerksamkeit auszusetzen: Ich werde einer Sache gewahr, das meint – anders als bei der mehr von mir als Subjekt ausgehenden Beurteilung als richtig oder falsch – dass im Vorgang des Gewahrens eine spezifische Belehrung des Subjekts durch das wie auch immer geartete Objekt vor sich geht. Es tritt ein Zustand ein, der mein subjekthaftes Gegenstandsbewusstsein übersteigt und zu einer tieferen Annäherung von Subjekt und Objekt führt – eben ein Gewahrsein bis hin zur Verschmelzung. Das griechische Wort für Wahrheit, „Aletheia", bedeutet etwa so viel wie „Unverborgenheit" und signalisiert damit, dass Wahrheit mehr einen Zustand denn ein Ergebnis bedeutet. Von der Wahrheit sind wir berührt oder erfüllt, sie verändert uns.

Ein solches Erleben von Wahrheit kann vielleicht auftreten, wenn wir uns lange mit einem bestimmten Problem befasst haben und schließlich von seiner möglichen Lösung überwältigt fühlen; es kann das Gefühl sein, an einem bestimmten Ort, bei einem bestimmten Menschen „angekommen" zu sein und zu wissen, nicht mehr weiter zu müssen; es kann ein überwältigendes Naturerlebnis sein, die „Stunde der wahren Empfindung", von der Handke spricht: Immer ist es das Gewahren in einer einzelnen Situation, in der wir uns mit dem Ganzen so verbunden fühlen, dass nichts mehr zu erklären bleibt.

Ich möchte hier dafür plädieren, das hohe Gut der Wahrheit, den großen Wert, den dieses Ur-Wort meint, zum einen nicht zu schnell aufzugeben und da, wo es schon aufgegeben ist, noch einmal neu über seinen Wert und seine Bestimmung nachzudenken. „Die Wahrheit nämlich ist dem Menschen zumutbar", sagte Ingeborg Bachmann. Ich möchte aber auch dazu aufrufen, den Begriff der Wahrheit nicht inflationär, nicht fahrlässig und gedankenlos zu bemühen. Wenn wir Ankündigungen lesen wie „Die Wahrheit über Weißmehl", „Die Wahrheit über Frauen" oder „Die Wahrheit über den 11. September", dann ist so gut wie sicher, dass wir hier aufs Glatteis geraten; eine Debatte, die um die Aufklärung von Tatsachen geht, wird politisiert und mit etwas aufgeladen, das eine andere Dimension hat als ein Faktenbeleg. Die Frage nach der Wahrheit als eine existenzielle gehört in den Bereich der letzten Fragen, weder in den Journalismus noch in die Politik. Hannah Arendt betrachtete es sogar als einen Kategorienfehler, wenn die Politik von sich selbst oder anderen mit einem philosophischen Wahrheitsanspruch überfrachtet werde. Für das politische Leben mit seinem Kampf der Interessen gälte zwar auch der Respekt vor Tatsachen. „Wenn politische Macht sich an Vernunftwahrheiten vergreift, so übertritt sie gleichsam das ihr zugehörige Gebiet", war sie andererseits überzeugt. Wahrheit sei „das, was der Mensch nicht ändern kann; metaphorisch gesprochen ist sie der Grund, auf dem wir stehen, und der Himmel, der sich über uns erstreckt." (Arendt 1972)

Hier wird deutlich, dass Wahrheit etwas Tieferes meint, das mit so etwas Altmodischem wie Demut zu tun hat. Dazu passt auch das Phänomen, dass man es bei der Wahrheit mehr mit Fragen als mit Antworten zu tun bekommen wird. Unvergleichlich hat schon Pilatus im Prozess gegen Jesus gefragt „Was ist Wahrheit?" Damals wie heute lässt sich darauf nicht wie aus der Pistole geschossen antworten. Das bedeutet aber noch lange nicht, dass die Frage nach der Wahrheit nicht zu beantworten ist und auch nicht, dass sie obsolet wäre. Im Gegenteil passt die Form der Frage sehr gut zum Wesen der Wahrheit – sie will mehr gesucht als gewusst und behalten werden. Schon Lessing sagte: „Wenn Gott in seiner Rechten alle Wahrheit und in seiner Linken den einzigen immer regen Trieb nach Wahrheit, obschon mit dem Zusatze, mich immer und ewig zu irren, verschlossen hielte und spräche zu mir: wähle! Ich fiele ihm mit Demut in seine Linke und sagte: Vater gib! Die reine Wahrheit ist ja doch nur für dich allein!"

Lessing gilt zu Recht als ein Vorbild für Toleranz. Auf das Streben nach dieser Wahrheit zu verzichten, ihre Existenz vorschnell abzulehnen oder die Möglichkeit ihres Erreichens – oder des Erreicht-Werdens durch sie – grundsätzlich zu bestreiten, ist allerdings kein Zeichen von Toleranz oder Weisheit, sondern ein dogmatischer Entschluss zur Selbstdegradierung des Menschen. Im Gegenteil gehört die Wahrheitsfähigkeit zum Potenzial unserer höchsten Menschlichkeit. In diesem

Sinne können Sie jetzt vielleicht verstehen, warum ich hier noch einen Leitsatz Goethes empfehlen möchte, in dem der Sinn dieses Kapitels in all seiner Spannung zusammengefasst wird:

„Kenne ich mein Verhältnis zu mir selbst und zur Außenwelt, so heiß' ich's Wahrheit. Und so kann jeder seine eigene Wahrheit haben und es ist doch immer dieselbige."

Damit ist die Frage der individuellen Perspektivität berührt. Ich werde sie im folgenden Kapitel weiter verfolgen.

3.
Agnostische Einseitigkeit versus Perspektivität als Gewinn

Kürzlich begegnete mir im Internet ein Satz, schön aufgemacht vor farbigem Hintergrund, dem begeisterte Zustimmung in Form dutzender „Likes" entgegenschlug: „Wir sehen nicht die Welt, wie sie ist, sondern wir sehen die Welt, wie wir sind!" Wer wollte da noch widersprechen? In jeder Diskussion ist diesem Satz Zustimmung gewiss. Er gehört heute zum guten Ton und scheint – wieder einmal – ein aufgeklärtes Diskussionsniveau und die Fähigkeit zur Selbsteinschätzung zu signalisieren.

Ja, es mag sogar etwas dran sein. Denn ganz sicher stehen sich viele Zeitgenossen mit ihrer Persönlichkeit und ihren Eigenarten am meisten selbst im Weg und versperren sich so oft den Blick auf die Wirklichkeit. Viele sind nicht in der Lage, unter Absehung ihrer eigenen Position einen Sachverhalt nüchtern zu beurteilen, vermischen Wahrnehmung und eigene Interpretation und sehen eben deshalb nicht die Welt, sondern immer nur sich selbst. So gesehen, ist dieser Satz eine Anregung zur Selbstprüfung. Keinesfalls aber ist er jener Gipfel moderner Selbsterkenntnis und der Weisheit letzter

Schluss, als der er oft gehandelt wird. Im besten Fall spricht aus ihm die aufgeklärte Einsicht in die subjektiven Bedingungen jeden Weltzugangs.

In seiner naiven Version allerdings haben wir es hier mit einer der massivsten Denkblockaden zu tun, die sich seit mehr als 200 Jahren in Philosophie und Wissenschaft einzunisten anschickt. Große Geister haben nicht nur Argumente, sondern auch viele naturwissenschaftliche Fakten zusammengetragen um die Aussage zu belegen: Wir wissen nichts von einer Welt „da draußen", sondern nur von unseren eigenen Zuständen, von (Folge-) Erscheinungen in unserer Innenwelt, die durch Einwirkungen in unser Inneres gelangen. Wie das aussieht, von dem wir da Wirkungen empfangen und von dem wir uns Bilder machen – wenn wir sie uns überhaupt selbst machen und sie nicht auf unerklärbare Weise in uns hineinprojiziert werden – das weiß kein Mensch zu sagen. Sogar indische Gurus haben inzwischen diese Sichtweise adaptiert und verblüffen ihre Schüler mit der Aussage, das alles, was sie für die Welt halten, nur eine Erscheinung auf ihrer Netzhaut sei, die dann ins Gehirn gespiegelt werde. Maya pur – ob im Hinduismus, im Labor der Hirnforscher oder im philosophischen Oberseminar.

Philosophisch haben Kant und viele seiner Nachfolger diesen Glaubenssatz in der Formel vom „Ding an sich" zementiert. Dieses Ding an sich, das wäre eben die Gestalt der Welt wie sie aussähe, wenn sie uns nicht gefiltert durch unseren Sinnes-Nervenapparat und unsere Denk-Kategorien erschiene.

Unerreichbare Wirklichkeit?

Im Laufe des 19. Jahrhunderts erhielt diese Theorie durch die Naturwissenschaft starke Unterstützung: Insbesondere die genauere Kenntnis über die Funktionsweise unserer Sinnesorgane ließ die Aussichten, dass wir etwas über die „wahre Wirklichkeit" erfahren könnten, geradezu gegen Null sinken: Schon allein der Gedanke, dass unser Auge nur bestimmte Wellenbereiche des Lichts wahrzunehmen vermag, andere aber nicht, scheint zur Genüge zu zeigen, wie fundamental subjektiv wir als Menschen die Welt wahrnehmen, im Gegensatz etwa zu Insekten mit ihren ganz anders gearteten Sehorganen. Was wir als Dinge der Welt wahrzunehmen glauben und was wir als Qualitäten diesen Dingen zuschreiben – Wärme, Kälte, Glätte – das alles scheint also mehr über unsere eigene körperliche Konstitution auszusagen als über die Welt.

Und als wäre es der Resignation nicht schon genug, setzten die Neurowissenschaften im 20. Jahrhundert noch eins drauf: Die Bilder, die unser Gehirn aus den ihm vermittelten „Sinnesdaten" durch hoch komplexe Schaltungen zusammensetzt, können mit der Außenwelt wie sie „an sich" sein mag, nicht mehr das Geringste zu tun haben. Unser Bewusstsein von der Welt wäre dann in Wahrheit Ergebnis eines neuronalen Netzwerks, also eines Bio-Computers, und niemand weiß, wie die Wirklichkeit beschaffen ist, für deren Bewältigung dieser durch den Gang der Evolution konstruiert wurde.

Wir wissen nichts von den Dingen, sondern nur von den Sinnesorganen, welche die Wahrnehmungen spezifisch transportieren, den Nerven, welche die Sinnesdaten weiterleiten und den Nervenzellen, die sie verarbeiten. Von einer Wirklichkeit können wir nichts wissen, ja wir können nicht einmal sicher wissen, ob überhaupt „da draußen" etwas ist. Nichts ist somit naheliegender, als den Begriff der Wirklichkeit der Multiplikation anheimzugeben: Weil uns die Wirklichkeit ohnehin unzugänglich ist, lassen wir doch jedem die Wirklichkeit, die er sich selbst macht!

Dieser weit verbreiteten Anschauung nach könnte es uns Menschen gehen wie den bedauernswerten Geschöpfen in dem bekannten Film „Matrix", die ihr Dasein in einer Nährstofflösung verdämmern. Während sie in diesen Blasen dahinvegetieren, werden ihnen über ein gigantisches Netzwerk neuronale Reize zugespielt, durch die sie glauben, ein „richtiges" Leben zu führen, in das auch die anderen unbewussten Wesen versponnen sind. In der Philosophie ist diese Schreckensvision als Theorie des „Gehirns im Tank" bekannt: Hat man erst einmal das Bild als Denkmöglichkeit gefasst, dass Gehirne im Tank nur durch stimulierende Inputs das Bild einer Außenwelt suggeriert bekämen, ist es nicht mehr weit zu der Annahme, auch das von uns als „wirklich" angenommene Bild der Welt sei ähnlich illusionär in uns erzeugt.

Der blinde Fleck des Subjektivismus

Die große Überzeugungskraft dieser Anschauung liegt in der Nähe zu der uns heute allen vertrauten Computertechnik.

Auch bei ihr geht es ja um „Daten", die vom Computer verarbeitet und als fertige Bilder wieder ausgegeben werden. Die menschlichen Sinnesorgane haben durch Kameras, Mikrophone und Datenhandschuhe längst technische Entsprechungen gefunden. Dieses Modell kann daher auf den menschlichen Organismus übertragen werden, von dem man annimmt, dass er zum einen als Rezeptor von Daten dient, zum anderen als neuronaler Konstrukteur dieser Daten in Gestalt eines Wirklichkeitsbildes, das aber nur in unseren Köpfen Bestand hat. Wir wären in unsere eigenen Verständlichkeitsformen wie in einem Gefängnis eingeschlossen und das einzige, von dem wir wissen, ist der Aufbau unserer Sinnesorgane und die Funktionsweise unserer Neuronen.

Dies allein sei wirklich – aber hoppla: Wodurch wissen wir denn eigentlich von unseren Sinnesorganen, von der grandios differenzierten Funktionsweise der Augen? Wodurch wissen wir, wie Nervenzellen aussehen – und worauf gründen sich sämtliche Erkenntnisse über das Funktionieren der Sinnesorgane und ihrer Weiterverarbeitung? – Richtig (auch wenn sie ein Beobachtungsinstrument übermittelt hat), natürlich wissen wir dies alles aufgrund von Sinnesdaten! Diese Sinnesdaten und das Funktionieren der Sinne selbst nehmen die Vertreter der subjektivistischen Erkenntnistheorie naiv als „richtig" an, um daraus ihre Schlussfolgerungen zu ziehen. Das klingt vielleicht harmlos, ist aber keineswegs eine Nebensache, sondern trifft den gekennzeichneten Ansatz ins Mark: Wer diesen blinden Fleck von naivem Realismus in dieser so kritischen Theorie bemerkt, für den fällt das ganze daran hängende Weltbild in sich zusammen! So jedenfalls wie beschrieben kann es nicht sein.

Wege zum realen Kontakt

Aber wie dann? Die beiden bedeutenden US-amerikanischen Philosophen Hubert Dreyfus (inzwischen leider verstorben) und Charles Taylor haben 2016 eine Art Frontalangriff auf das Verständnis der verzerrten Wirklichkeitsentstehung unternommen, wie ich sie oben skizziert habe. Sie gehen dabei davon aus, dass das ganze Setting dieser kritischen Erkenntnistheorie, die eine Trennung zwischen Innen und Außen immer schon voraussetzt, nicht richtig ist. Für die Etablierung dieser Grundannahme machen sie in erster Linie Descartes verantwortlich, der mit seiner Philosophie eine strikte Grenze von Innen und Außen zu zementieren begann, die nach ihm nie wieder wirklich in Frage gestellt wurde. Das Prinzip der inneren Abbildung der äußeren Realität aber kann gar nicht funktionieren, wenn das menschliche Bewusstsein als isolierter Innenraum angenommen wird, in dem die Wirklichkeit durch Ideen und Vorstellungen lediglich repräsentiert wird. Dem stellt das amerikanische Autorenduo eine Auffassung entgegen, die ausdrücklich von einem immer schon bestehenden realen Kontakt zwischen Mensch und Welt ausgeht. Diese Vorgängigkeit des Kontakts verdanken wir unserem körperlichen Dasein in einer körperlichen Welt, mit der wir sozusagen auf einer Ebene interagieren. Erst im

Nachhinein teilen wir die Wirklichkeit in uns selbst einerseits und die Welt andererseits auf.

Als Beleg für ihren Ansatz folgen sie in ihrem Buch „Die Wiedergewinnung des Realismus" einer Vielzahl von Phänomenen, welche die Möglichkeit eines „geschickten Zurechtkommens" in der Welt zum Ausdruck bringen. Die Autoren beschreiben etwa das Springen eines Jungen über einige dazu geeignete, flache, im Bach liegende Steine – Phänomene also, die noch nicht reflexiv genannt werden können, aber von einer Art ursprünglicher Orientierungsfähigkeit in den Verhältnissen der Welt zeugen. Der Grund dafür liegt den Autoren zufolge in der immer schon gegebenen Köper-Welt-Verbundenheit und einem „verkörperten Verstehen", das uns Menschen ausmache und als zutiefst im Dialog mit der Welt stehende Wesen kennzeichne. Dieses Urvertrauen sei uns im Zuge der modernen Denk- und Wissenschaftsentwicklung zugunsten eines reduktionistischen Weltbildes ausgetrieben worden, in dem der Mensch lediglich ein isolierter Akteur sei. Demgegenüber sind Dreyfus und Taylor überzeugt, „dass unser Verständnis der Welt ... nicht in unserem Innern liegt, sondern in der Interaktion, dem Zwischenraum unseres Umgangs mit den Dingen."

In ähnliche Richtung einer Überwindung des Dualismus von Außen und Innen, von unerreichter Wirklichkeit an sich und bloß subjektiver Repräsentation, aber mit einem ganz anderen Instrumentarium zielt der Philosoph Christian Grauer. In seinem Buch „Am Anfang war die Unterscheidung" zeigt er am Beispiel der Wahrnehmung eines Baumes, wie „künstlich" im Grunde die Vorstellung ist, dass wir in unserer Wahrnehmung des Baumes „da draußen" nur ein inneres Abbild erzeugten, das allein in uns Realität habe:

„Wenn ich einem Baum gegenüberstehe, dann sage ich für gewöhnlich: ‚Dort steht der Baum und in meinem Bewusstsein ist ein Bild des Baumes.' Dort also die Außenwelt mit dem Baum, hier mein Bewusstsein mit der Wahrnehmung ‚Baum' als Abbild dieser Außenwelt. Ich frage aber: wenn das, dem ich gegenüberstehe, der Baum ist, wo ist dann das Bild? Ich sehe es nicht! Oder: wenn das, dem ich gegenüberstehe, nur ein Bild des Baumes ist, wo ist dann der Baum? Ich sehe ihn nicht! Ich sehe nur einen Baum – entweder ist dies der Baum der Außenwelt oder es ist das Bild des Außenweltbaumes. Jedenfalls ist entweder der Baum oder das Bild da, nicht aber beides." (Grauer 2013)

Abgesehen von weiterreichenden Konsequenzen wird durch diese einfache Rekapitulierung klar: Die Unterscheidung von Innen und Außen, von innerer Repräsentation und angeblich äußerer Wirklichkeit, ist keinesfalls augenfällig und selbstverständlich, sondern abgeleitet. Unserem unmittelbaren Wahrnehmen stellt sich etwas ganz anderes dar: die Unmittelbarkeit einer Realität innerhalb unseres Bewusstseins, die nicht das Geringste von Abbild, Innenbild oder Vermittlung erlebt.

Das Subjekt, das viele konventionelle Ansätze als Gegensatz zur Welt an den Anfang ihrer Überlegungen stellen, ist keineswegs ein vorgegebener, isolierter Innenraum. Bewusstsein ist nichts Abgetrenntes. Das Subjekt entsteht vielmehr erst innerhalb des Zusammenspiels von Mensch und Welt als ein eigener Bereich, setzt aber die vorgängige Einheit von Subjekt und Objekt voraus.

Perspektivität und Einheit

Der Faktor des Subjekthaften ist selbstverständlich damit nicht aus der Welt. Er verliert aber seinen Vorwurfscharakter, wonach alles, was sich als Erkenntnis für uns Menschen zeigt, „nur" subjektiv sei. Stattdessen wird klar, dass alle Erkenntnis ausschnittartig ist: Vorstellungen, die wir im Kontakt mit der Welt bilden, sind dann keine subjektiven Verzerrungen des unerkannten Wirklichen an sich, sondern es sind Perspektiven auf das Ganze mit Wirklichkeitsgehalt. Perspektivität lebt ja schon logisch von der Möglichkeit, die Perspektive vom Ganzen unterscheiden zu können. Von Perspektivität zu reden ergibt nur Sinn, wenn ich die Idee des Ganzen im Hintergrund mitdenke.

Von Kritikern wird in diesem Zusammenhang gern ein Argument aus der Tierwelt in Anschlag gebracht: Es ist bekannt, dass Fledermäuse mit ihren sensiblen Ohren Geräusche hören, die uns Menschen verschlossen sind. Eine andere Variante: Insekten verfügen über eine ganz andere Optik, ihre Facettenaugen setzen aus unzähligen Miniatur-Eindrücken ein ganz anderes Bild der Welt zusammen, als wir es kennen. Solche und ähnliche Beispiele zeigen aber vor allem eines: dass wir Menschen in der Lage sind, uns der Relativität unserer Wahrnehmungen bewusst zu sein – im Gegensatz zu den Tieren, für die ihre Art der Wahrnehmung diejenige ist, mit der sie unreflektiert umgehen. Als Mensch aber kann ich meinen Wahrnehmungsbereich erweitern. Tatsächlich wissen wir etwas über Lichtbereiche, die zum Beispiel als infrarote Strahlung jenseits des für uns Wahrnehmbaren liegen – mit Hilfe von Instrumenten machen wir sie aber letztlich doch zugänglich. Problematisch wird die Sache erst dann, wenn wir aus diesen Beispielen den Schluss ziehen, dass wir aufgrund unserer eigenen sinnesspezifischen Ausstattung grundsätzlich nichts Gültiges über die Beschaffenheit der Welt aussagen könnten. Man sieht an den angeführten Beispielen im Gegenteil: Ja, wir können die tendenzielle Einschränkung durch unsere Sinnesausstattung einsehen – aber indem wir sie einsehen, haben wir sie auch schon überwunden. Sich der eigenen Relativität bewusst zu sein heißt, diese Relativität zu korrigieren.

Blitze, Gold und Elefanten

Noch ein weiteres kritisches Gegenargument. Die Voraussetzung einer grundsätzlich einschränkenden Relativität kann auch eine mehr kulturgeschichtliche Dimension annehmen. Sie verweist dann auf den teilweise erheblichen Wechsel der Weltbilder, in deren Rahmen die Menschheit im Verlauf ihrer Geschichte die Wirklichkeit grundlegend unterschiedlich wahrgenommen hat. Ein beliebtes Beispiel: In der Antike schrieb man Blitzen göttliche Kräfte zu, während im Zuge der neuzeitlichen Wissenschaft das Phänomen von Gewittern durch elektrische Ladungen in der Atmosphäre erklärt wurde. Ein weiteres Beispiel: Bis zu Kopernikus und Galilei glaubten wir, auf unserer Erde im Mittelpunkt des Kosmos zu stehen, um den sich die ganze Welt dreht. – Die erwähnten Autoren Dreyfus und Taylor wählen in ihrem erwähnten Buch das Beispiel des Goldes, dem man beispielsweise in alten Kulturen magische und heilende Kräfte zugeschrieben habe, während sich für einen Naturwissenschaftler das Wesentliche des Goldes in der Zuschreibung des Atomgewichts 79 erschöpft. Dreyfus und Taylor halten dagegen, dass die eine Beschreibung nicht notwendig die andere ausschließt, weil es von der jeweiligen Zugangsweise abhängt, welchen Aspekt ein Ding oder Wesen dem Betrachter von sich zeigt: „Es ist möglich, dass die Ägypter Eigenschaften des Goldes offengelegt haben, die nur mit Hilfe ihrer religiösen Praktiken zugänglich waren. Demnach ist das, was Gold wirklich ist, von den Praktiken der betreffenden Kultur abhängig." Dies einzusehen bedeutet nun eben nicht ein Plädoyer für die grundsätzlich einschränkende Art unseres Erkennens und Wissens, sondern für einen „pluralistischen Realismus", wie es die Autoren nennen. Er trägt der Tatsache Rechnung, „dass es viele Sprachen geben kann, deren jede einen anderen Aspekt der Wirklichkeit korrekt beschreibt". Diese Haltung macht nicht nur theoretisch einen Unterschied, sondern hat unmittelbar praktische Konsequenzen: So sind beispielsweise, wie Dreyfus und Taylor erwähnen, die Erfolge der Akupunktur (beispielsweise bei

Rückenbeschwerden) zwar eindeutig empirisch belegt, aber mit den Mitteln der Naturwissenschaft bislang noch nicht erklärt. Anstatt nun deshalb die Akupunktur grundsätzlich zu verwerfen, weil wir sie nicht mit der vorherrschenden Theorie erklären können, wäre es sinnvoller, „einfach zwei Theorien über den Körper zu akzeptieren: eine, die sich auf Moleküle und elektrische Impulse bezieht, und eine andere, die den mit den Mitteln unserer Physik nicht zu deutenden Wegen einer Form von Energie nachgeht." (Dreyfus und Taylor 2016)

Kennen Sie vielleicht das folgende Gleichnis? Drei Blinde werden zu einem Gegenstand geführt und sollen anhand ihrer Tasteindrücke beschreiben, was sie wohl vor sich haben. „Es ist rauh und dick, es ist ein Baumstamm!", sagte der erste. „Es ist glatt und kalt, das ist ein Stein", sagte der zweite. „Es ist feucht und warm wie ein Schwamm", sagte der dritte Blinde. Alle drei hatten sie Recht, und alle drei hatten sie den gleichen Gegenstand beschrieben: einen Elefanten! Aber sie hatten unterschiedliche Teile von ihm berührt und wahrgenommen. Alle Teile, so unterschiedlich sie auch waren, gehören aber zu dem einen Elefanten.

Diese Geschichte zeigt uns, wenn auch vereinfacht: Die grundlegende Einsicht in die Perspektivität unseres Erkennens ist keine Einschränkung, sondern ein Gewinn. Anders als die drei Menschen im Gleichnis sind wir keineswegs blind. Und statt unser Erkenntnisvermögen schlechtzureden ist es lohnender, die Vielfalt an Wirklichkeitszugängen immer wieder im friedlichen Wettstreit zusammenzutragen. Ich denke, das gilt nicht nur bei so vergleichsweise einfachen Dingen wie

Blitzen und Elefanten, es kann tendenziell auch da gelingen, wo etwa gemeinsam um gesellschaftliche Leitbilder gerungen wird – Wirklichkeit ist immer auch ein Projekt gemeinschaftlicher kommunikativer Praxis. Wenn auf solchen Wegen Zugang zur Realität gewonnen wird, perspektivisch und pluralistisch ebenso wie gültig, kann Wirklichkeit gewonnen werden – nicht die schöne neue Wirklichkeit postmoderner Beliebigkeit und verleugneter Fakten, sondern die schöne neue Wirklichkeit echter Seinserfahrung.

4.
Im Mittelpunkt der Mensch?
Falsche Bescheidenheit und echter Hochmut

Ein gelungener Witz ist immer wahr – so scheint es. Wer seine Mitmenschen zum Lachen bringt, hat sie auf seine Seite gebracht. Aber wenn die Struktur einer Aussage darauf hinausläuft, dass man lachen muss, heißt das noch lange nicht, dass die Aussage auch zutreffend ist. Und längst nicht alles, was uns durch eine mehr oder weniger gelungene Formulierung in Heiterkeit versetzt, ist wirklich lustig. Bei näherem Hinsehen kann einem vielmehr bei so manchem Witz das Lachen im Halse stecken bleiben. So zum Beispiel bei diesem manchmal zu hörenden oder lesenden Scherz: „Treffen sich zwei Planeten im Weltall. Sagt der eine: Du siehst aber schlecht aus, was hast du denn? Antwortet der anderen: Ich habe Homo sapiens! Meint der andere: Macht nichts, das geht vorüber!"

Ich habe diesen Witz öfters gehört oder gelesen, er erzielt seine Lacher im Kabaret, aber auch im Publikum spiritueller Autoren. Dabei ist er meiner Überzeugung nach alles andere als witzig und auch nicht dazu geeignet, uns dazu zu bringen, über uns selbst zu lachen, was ja manchmal ganz hilfreich sein kann. Bin ich zu humorlos? Warum sehe ich das so kritisch?

Machen wir uns einmal klar, was damit eigentlich gesagt ist, dass ein Planet, gemeint ist die Erde, „Homo Sapiens hat", also eine Krankheit mit dem Namen der Gattung Mensch. Und diese Krankheit, so der Witz, geht irgendwann vorüber. Das heißt: Irgendwann wird es keine Menschheit mehr geben, und dann geht es dem Planeten wieder gut. Das bedeutet auch: Die Menschheit wäre etwas, das mit dem Planeten Erde nichts Wesentliches zu tun hat, eine Art Zugabe, die man haben kann oder nicht, die man aber auch abschütteln kann, wie eine Krankheit eben.

Was würde das heißen? Sind wir uns der Dimensionen dieser Annahme wirklich bewusst? Denken wir an die gesamte Evolution des Lebens, die bei kleinsten Organismen begonnen hat, dann lebendige und gefühlsfähige Lebewesen hervorgebracht hat, schließlich uns Menschen, wo zum ersten Mal ein Wesen über seine Rolle in der Welt nachzudenken beginnen konnte; Wesen, die Kulturen aufbauen konnten, die mythische, religiöse Welten schaffen können, die die Natur zerstören, die aber auch unglaubliche neue Schönheit in Form von Musik, Kunst und Poesie in die Welt bringen; die Kriege führen, aber auch Mitgefühl zeigen; die Hass säen, aber auch Liebe verbreiten. Kann es richtig sein, das alles in das Bild einer planetarischen Plage zu fassen?

Denn hinter dem Witz mit dem kranken Planeten steht ja die Vorstellung, dass es vielleicht besser wäre, wenn es die Menschheit gar nicht gäbe oder sie irgendwann verschwinden würde. Das klingt – wieder einmal – auf Anhieb bescheiden. Diese Vorstellung ist auch in anderer Form weit verbreitet, sie bildet sogar einen Bezugspunkt vieler ethisch bemühter Menschen, wenn sie beispielsweise im Blick auf die ökologische Problematik, die Erderwärmung oder das Artensterben sagen: „Der Mensch braucht die Natur, aber die Natur braucht den Menschen nicht." In dem bekannten Film „Twelve Monkeys" machen Umweltaktivisten mit diesem Leitsatz Ernst und lösen durch die Freisetzung eines biologischen Kampfstoffs eine weltweite Epidemie aus, bei der fast alle Menschen getötet werden, während die Tierwelt verschont bleibt.

Vor solchen misanthropen Vorstellungen sind unsere Vorfahren noch bewahrt geblieben. Die Religionen erzählten im Gegenteil Geschichten der Fürsorge und der Beauftragung zwischen Mensch und Natur. In der Bibel gibt es nicht nur das vielleicht einseitig übersetzte Wort vom „Untertan machen", sondern auch die Einsetzung des Menschen als Pfleger der Erde. Noch deutlicher erzählt der Koran davon, dass Gott ein Wesen suchte, das bereit war, die Verantwortung für die Geschöpfe der Erde zu übernehmen, aber alle lehnten es ab, außer dem Menschen. Deshalb sollten sich auf Gottes Geheiß sogar die Engel vor ihm niederwerfen. Und im spirituellen Judentum wird der Mensch als dazu bestimmt angesehen, die in der Welt verstreuten Lichtfunken zu sammeln und die Einheit der Welt wiederherzustellen. Wie auch immer die Erzählungen variieren, das Schicksal von Mensch und Erde ist in ihrer Sicht untrennbar miteinander verknüpft, uns Menschen ist die Welt anvertraut.

Selbstverständlich mussten wir uns von dieser naiven Geborgenheit befreien. Nicht selten kippte aber die ehemalige

Gewissheit des Sinns in blanken Spott um: So wurde und wird das (übrigens in der Bibel gar nicht vorkommende) Wort vom Menschen als „Krone der Schöpfung" nur noch höhnisch im Blick auf die unvorstellbaren Zerstörungen verwendet, die wir Menschen auf der Erde angerichtet haben und weiterhin anrichten. Dieser Spott, so selbsterniedrigend er wirken mag, ist allerdings an Hochmut kaum zu überbieten, wenn er die Menschheit als Ganze für überflüssig erklärt: Der Mensch stellt sich hin und definiert die gesamte Entwicklung, die bis zu ihm geführt hat, also die gesamte evolutionäre und auch die kulturelle Entwicklung der Menschheit, zu einem Fehler des Kosmos?! Was für ein Zynismus!

Versuchen Sie mal die Welt ohne sich zu denken!

Trotzdem ist es vielleicht gut, es nicht bei dem Witz zu belassen, sondern den Gedanken wirklich einmal zu Ende zu denken: eine Welt ohne den Menschen. Eine Erde, ohne dass jemand sie wahrnimmt: Können wir uns das überhaupt vorstellen, dass etwas existiert und niemand davon weiß? Versuchen Sie es einmal konkret: Selbst wenn wir uns eine Erde ohne Menschen vorstellen – es bleibt doch zumindest der, der sich diese Erde ohne Menschen vorstellt, jetzt, in diesem Moment! Die Instanz der Beobachtung und des wahrnehmenden Bewusstseins ist nicht zu hintergehen und lässt sich nicht auslöschen – es bleibt immer der bewusste Beobachter, selbst dann noch, wenn er sich vorstellt, er sei gar nicht vorhanden. Ist das vielleicht mehr als ein bloßes Gedankenspiel? Vielleicht ein Hinweis darauf, dass Objekt und Subjekt, dass Erde und Mensch zusammengehören – dass der Beobachter und Akteur, der wir als Menschheit sind, als eine Art Bewusstsein der Erde zu dieser dazugehören, als zwei Seiten einer Sache? Wir haben dafür noch keine Erklärung, aber die Frage wird inzwischen auch von hochrangigen Philosophen wie dem hier schon zitierten Thomas Nagel formuliert:

„Das ist es also, was eine Theorie von allem erklären können muss: nicht nur die Entstehung von sich vermehrenden Organismen aus einem leblosen Universum und deren Entwicklung durch die Evolution zu immer größerer funktionaler Komplexität; nicht nur das Bewusstsein bei einigen dieser Organismen und dessen bedeutende Rolle in ihrem Leben; sondern auch die Entwicklung von Bewusstsein zu einem Instrument der Transzendenz, das objektive Wahrheit und objektive Werte erfassen kann."

Der Theologe und Wissenschaftler Teilhard de Chardin sprach von einer „Noossphäre" (von griechisch nous = Geist), welche die Erde wie eine zwar unsichtbare, aber doch höchst reale Schicht umgibt, ebenso wie die Schicht der Gesteine, die Schicht des Lebendigen (die Biosphäre), und die Schicht der Luft (der Atmosphäre) – eine Schicht des Bewusstseins, freilich von Menschen erzeugt – aber der ist ja wiederum erzeugt von der Evolution, die sich vielleicht in ihm ihr eigenes Bewusstsein erzeugt? Teilhards Idee bietet jedenfalls eine

Möglichkeit, die Position des bloßen Zuschauers zu überwinden, der sich – Stichwort Homo Sapiens als Krankheit – aus der Verantwortung stehlen will. Nicht das Als-überflüssig-Erklären des Menschen wäre die Lösung, sondern umgekehrt: das Verstehen der unauflöslichen Verbundenheit und Bedeutung des Menschen für den Prozess der Evolution der Erde und die bewusste Übernahme der damit verbundenen Verantwortung führt in die richtige Richtung.

Spätestens dieser Gedanke wird aber einen Einwand hervorrufen: „Das ist doch alles vollkommen anthropozentrisch gedacht!". Es ist gut, sich mit diesem Einwand zu beschäftigen, denn er gehört nach meiner Überzeugung zu den massivsten Denkblockaden unserer Zeit. Abgesehen davon, dass „anthropozentrisch" wohl eine Art Schimpfwort ist, vor dem man zusammenzucken soll – was steht hinter diesem Vorwurf? Offensichtlich der Gedanke, dass es falsch ist, alles vom Menschen aus zu betrachten und zu werten.

Mein stärkstes Gegenargument dazu lautet: Wer zur Abschreckung „anthropozentrisch!" ruft, verhält sich wie jemand, der sich die Hand vors Gesicht hält, nichts mehr sieht und denkt, alle anderen würden ihn auch nicht mehr sehen. Wieso? Weil es gar nicht möglich ist, nicht-anthropozentrisch zu denken! Selbst der eingefleischteste Liebhaber der puren Natur (wir erinnern uns: „Der Mensch braucht die Natur, die Natur braucht den Menschen nicht") sorgt sich um die Natur! Und selbst die Anti-Speziesisten, die am Menschen nichts Besonderes finden wollen und jede Sonderstellung des Menschen als Quasi-Rassismus ablehnen – sie sind es ja als

Menschen, die diese Philosophie entwickeln und sich diese Gedanken um die Welt machen. Kein Tier denkt über seine Lage in eben dieser Welt nach, kein Löwe, der eine Gazelle jagt, wird von Gewissensbissen wegen seiner überlegenen Machtposition geplagt, sondern jedes Wesen begnügt sich damit zu sein wie es ist. Die Anti-Anthropozentriker sind in Wirklichkeit genauso so anthropozentrisch wie alle anderen, sie merken es nur nicht, wie sehr sie mit ihrem Engagement der sorgenden Rolle des Menschen entsprechen, die früher von den Mythen und Religionen verbreitet wurde.

Will sagen: Wir können unserer spezifischen Rolle im Ganzen der Welt, für die Heidegger den schönen Ausdruck vom „Hüter des Seins" prägte, gar nicht entgehen. Wir können uns nicht aus der Verantwortung stehlen. Wir müssen es aber auch gar nicht. Besser ist es, wenn wir uns ihr bewusst stellen. Niemals wäre das Verschwinden der Menschheit von diesem Erdball, der kollektive Suizid, ob freiwillig oder unfreiwillig, eine Lösung.

Nebenbei: Wenn wir den Unfrieden und die Gewalt aus der Welt verbannen wollen, dann müssten wir nicht nur uns Menschen, sondern auch weite Teile des Tierreichs von diesem Globus verschwinden lassen. Wäre es nicht besser gewesen, die Evolution hätte sich, als die Erde von einer Schicht lebendiger Pflanzen überzogen war, mit dieser friedlichen Welt ohne Emotionen begnügt? Vielleicht die Insekten noch entstehen lassen, weil durch Bestäubung eine weit größere Fülle und Pracht des Lebendigen entstehen konnte als durch Moose und Bodendecker – aber dann hätte es auch genug sein können und es wäre auf ewig harmonisch geblieben. Die Natur wurde mit dem Aufkommen der Tiere zwar nochmals unendlich reicher, weil damit Seele, Empfindung, Verhalten und Bewusstheit in die Welt kam – aber damit eben auch unendlicher Schmerz und Leid. Hier beginnt das große Fressen und Gefressenwerden: Es geht dabei nicht nur um das Zebra, das von einem Löwenrudel gejagt und zerfleischt wird, nicht nur um das tägliche Kaninchen oder die Maus, die der Bussard mit seinen Krallen zum Frühstück durchbohrt. Auch der „normale" Tod der Tiere ist in der Regel bereits wenig idyllisch: Alte und kranke Tiere werden aus sozialen Verbänden ausgeschlossen, ziehen sich zurück, gehen meist elend zugrunde oder werden leichte Beute für andere – ihre letzten Lebensmomente verbringen sie meist voller Angst. Kein Zweifel: So sehr die Entwicklung des Nervensystems ein evolutionäres Meisterstück der Natur darstellt, so sehr ist es neben dem Organ zum Ausdruck von Lebensfreude doch auch Träger von Schmerz.

Noch einmal: Ich sehe wohl das Problem, das wir Menschen für die Erde darstellen, aber ich teile die Ansicht nicht, dass die Beseitigung des Problems in der Beseitigung des Menschen liegt.

Im Mittelpunkt der Mensch!

Sehen wir uns doch den Komplex des Anthropozentrischen noch einmal von einer anderen Seite aus an. Wenn wir irgendwo das Motto lesen: „Im Mittelpunkt der Mensch", dann finden wir das doch zumeist eigentlich gut. Sonst würden Unternehmen oder bestimmte Organisationen nicht mit diesem Slogan werben. „Im Mittelpunkt der Mensch" meint in diesen Fällen nicht, dass sich hier jemand in der Evolution vorgedrängt hat, sondern im Gegenteil: Man betont den Menschen, weil er ansonsten leicht vergessen wird. Nicht der ökonomische Gewinn, nicht der äußere Erfolg sollen im Mittelpunkt stehen, sondern eben: der Mensch! Der Mensch bedeutet hier auch: das Menschliche. In diesem Sinne ist die Ver-Menschlichung der Welt kein Status, auf dem man sich ausruhen könnte (Stichwort „Krone"), sondern Aufgabe und Verheißung: Eine Welt mit menschlichem Antlitz! Der Mensch, das Menschliche, ist ein Wert, eine Qualität und ergibt Sinn im Rahmen der Entwicklung der Erde.

In einem noch relativ jungen Zweig des Denkens, der evolutionären Philosophie und Spiritualität, spielt diese Sicht des Menschen die entscheidende Rolle. Ich greife hier noch einmal die Positionen des schon weiter oben erwähnten Philosophen Wolfgang Welsch („Mensch und Welt") auf. Er versucht, das menschliche Erkennen in seinem evolutionären Entstehungszusammenhang zu erklären: „Kognition und Geist erwachsen aus der Kontinuität mit der biotischen Welt und der physischen Welt insgesamt". Seine Schlussfolgerung: Elementare Strukturen unseres Wissens sind „weltrichtig", unser Erkennen ist objektiv und erfasst die Körper „tatsächlich so wie sie sind bzw. sich verhalten." Ähnlich argumentiert Welsch auch im Blick auf die Objektivität der Sinneswahrnehmungen, die ja seit der Lehre von den spezifischen

Sinnesqualitäten im 19. Jahrhundert das Paradebeispiel einer rein anthropisch gedachten Weltverzerrung bilden (siehe Kapitel 3).

Kognition ist also für Welsch nicht etwas, das durch den Menschen nur subjektiv zur bestehenden Wirklichkeit hinzukommen würde, sondern „zuerst einmal eine ontologische Veranstaltung" innerhalb der Wirklichkeit – es ist etwas, das die Evolution selbst hervorgebracht hat. Aber damit nicht genug:

„Indem das Sein (bzw. die Evolution) bis zur Erzeugung von Lebewesen und damit von Kognition vorangegangen ist, hat es gewissermaßen begonnen, Selbsterkenntnis zu betreiben", sagt Welsch. Und weiter: „In unserem Erkennen erfasst sich die Welt".

Mit diesem Ergebnis scheint Welsch bei einer – gleichsam naturalisierten – Metamorphose eines evolutionären Denkens angelangt, wie es auch Hegel und andere Philosophen und spirituelle Denker bewegt haben und weiter bewegen. Sein Ansatz, unser Erkennen und damit auch das Bewusstsein als ein evolutionär zur Welt gehöriges Element zu erklären, erinnert an frühe Ansätze des Monismus oder auch an Rudolf Steiner, der anknüpfend an Haeckel das menschliche Erkennen und sogar die Moral als logische Folge der Evolution zu verstehen versuchte. Auch der oben schon zitierte Philosoph Holm Tetens bekennt sich ausdrücklich zum „anthropischen Prinzip, nach dem das physikalische Universum von Anfang an darauf angelegt ist, dass in ihm eines Tages Menschen in

Erscheinung treten, für die es wesentlich ist, im Gedankenaustausch miteinander zumindest partiell das Universum intersubjektiv zu beobachten und zu erkennen". (Tetens 2015)

Bewusstsein als eigene Kategorie, die in der Evolution zur Erscheinung und dann zu sich selbst kommt – das ist ein geradezu elektrisierender Gedanke, wie sehr wir mit unserem Denken Teil des Werdens der Welt sein könnten! Und in genau dieser Haltung würden wir auch das oftmalige Versagen als Menschheit in dieser Welt allmählich in eine verantwortliche Sorge und unseren faktischen Hochmut in praktische Demut verwandeln können. Oder, wie es Teilhard de Chardin formuliert hat: „Der Mensch ist nicht Krone der Schöpfung, sondern ihre Achse, und das ist mehr!"

5.
Warum wir uns zu Maschinen machen und wie wir wirklich konstruktiv werden können

Alles ist unsicher geworden – die Politik, die Medien, die Wirklichkeit. Und nicht einmal sich selbst können Sie noch trauen! Die allgemeine Relativierung macht auch vor dem letzten Hort von Identität, vor mir selbst und vor mir als ein Ich nicht halt: „Das Ich ist nichts als eine Konstruktion!" – Mit kaum einem anderen Satz können Sie heute auf Partys ebenso wie in intellektuellen Debatten punkten. Dabei ist es sogar egal, ob Sie mit wissenschaftlich belesenen oder eher mit religiös-spirituell orientierten Menschen im Gespräch sind (mitunter gibt es auch Kombinationen aus beidem). Denn die Neurowissenschaften und mit ihnen die Psychologie haben die Vorstellung eines irgendwie stabilen und kontinuierlichen Zentrums unserer Persönlichkeit ebenso dekonstruiert wie es fernöstliche Weisheitslehren immer schon getan haben.

Daran ist zunächst einmal nichts Verwerfliches – im Gegenteil: Die Perspektive einnehmen zu können, dass unser Selbstbild nichts fertig Gegebenes ist, keine unabänderliche Substanz, sondern etwas zutiefst Veränderliches und Bewegliches, bedeutet ja eine enorme Erweiterung unseres

Freiheitsspielraums: Ich muss mich mit nichts identifizieren, was ich geworden bin. Selbstverständlich tun wir das meist trotzdem und zwar in großem Umfang. Weite Teile unseres Selbstbildes beruhen gerade darauf, dass wir unbewusst ständig ein Selbstbild aus unseren Erfahrungen, Erinnerungen und Glaubenssätzen zimmern und daran festhalten. In der Psychologie und Philosophie des 20. Jahrhunderts hat sich für das Ergebnis dieses Prozesses der Begriff des „Konstrukts" herausgebildet.

Nun ist es oft so im Zuge der Bewusstseinsentwicklung: Wo ein Schritt der Befreiung getan ist, naht schon die Gefahr neuer Selbsttäuschung. Für so einen Fall von Selbsttäuschung halte ich die sowohl in philosophischen wie auch psychologischen und spirituellen Zusammenhängen oftmals anzutreffende Rede davon, dass das Ich eben „nur ein Konstrukt" sei. Wie so oft, ist bei solchen Äußerungen große Unbewusstheit im Spiel. Um das zu zeigen, will ich mit einem Ausflug in die Filmwelt etwas weiter ausholen.

In Ridley Scotts berühmten Film „Blade Runner" geht es um die in Science Fiction-Filmen schon immer beliebte Frage, ob man künstliche Menschen erschaffen kann. Der Autor der Buchvorlage des Films, Phillip Dick, treibt die Geschichte so weit, dass den künstlichen Menschen nicht nur das Aussehen und Verhalten echter Menschen verliehen wird, sondern dass man sie darüber hinaus auch mit Erinnerungen ausstattet. Aufgrund ihrer Erinnerungen verfügen sie – auch wenn man ihnen diese gewissermaßen nur implantiert hat – über ein für sie selbst authentisches Selbstgefühl, das Erlebnis einer über die Zeit hinweg konstanten Persönlichkeit. Eine überaus herausfordernde Idee!

Auch wenn für uns die Möglichkeit, Erinnerungen zu implantieren, noch reichlich utopisch erscheint: Richtig bleibt die Tatsache, dass wir ohne die Fähigkeit zur Erinnerung nicht das Bewusstsein entwickeln könnten, eine über die Zeit hinaus identische Person zu sein. Ich bin, der ich jetzt bin, aber ich war auch das Kind, an dessen Schulzeit ich mich erinnere, und ich werde auch in einigen Jahren, sofern ich noch lebe, immer noch „derselbe" sein – auch wenn ich vielleicht manche meiner Ideen und einen Großteil meiner Gewohnheiten und Vorlieben bis dahin ändern kann. Tatsächlich spielt also das „Konstruieren" für mein Selbst eine bedeutende Rolle. Warum also meine Polemik gegen die Rede vom „Ich als Konstrukt"?

Vorsicht vor Absolutismus

Der Begriff der Konstruktion stammt aus den Ingenieurswissenschaften. In einer technisch dominierten Zivilisation, die alles nach dem Leitbild mechanischer Wissenschaften einrichtet, ist es nur schlüssig, wenn auch das Zustandekommen der Wirklichkeit und unseres Selbstes als Ergebnis dessen erklärt wird, was unser Selbstverständnis am meisten prägt: die Fähigkeit zur Konstruktion. Ein Ingenieur konstruiert eine Brücke. Niemand käme aber auf die Idee, angesichts einer Brücke zu sagen: „Das ist nur eine Konstruktion, die Brücke ist also eine Illusion". Im Gegenteil: Wir verlassen uns auf die Baukunst des

Ingenieurs und betreten oder befahren eine Brücke ohne Bedenken. Sie ist sehr wohl real! Die Frage lautet also gar nicht, ob Konstrukt oder Realität. Sie lautet vielmehr: Was taugt die Konstruktion? Wenn etwas konstruiert ist dann bedeutet das, dass ich seine Entstehung und auch Tragfähigkeit nachvollziehen und auch beurteilen kann – bei der Brücke ebenso wie beim Selbst. Deshalb besteht die richtige Konsequenz in der Frage in Bezug auf das Selbst, welche Elemente genau daran hinderlich, zwanghaft, eventuell sogar krankmachend sind. Ein Konstrukt kann ich ändern, darin besteht die Befreiung, nicht darin, es komplett als Illusion zu bezeichnen.

Dass wir es beim Ich, dem Verständnis unseres eigenen Selbstes, mit Gewordenem zu tun haben, mit Erinnerungen, Selbstbildern und anderen Elementen, mit denen wir uns identifizieren – das steht, wie oben bereits ausgeführt, nicht in Frage. In Frage aber steht – und vielleicht kommt Ihnen das schon bekannt vor – das verabsolutierte „nur" und das „nichts als" in der kritisierten Position, also die Behauptung, wonach das Selbst oder das Ich nichts anderes als eine Konstruktion im Sinne einer Illusion sein soll. Warum kann dieser Schluss bei näherem Hinsehen nicht überzeugen?

Zunächst einmal deshalb nicht, weil jeder Versuch einer Reduktion eines Phänomens auf etwas anderes skeptisch machen sollte. Philosophisch gesehen haben wir es beim Ich mit einem Phänomen zu tun, das ein erlebtes Etwas darstellt, das nicht äußerlich darstellbar ist und sogar von einem anderen so nicht erlebt werden kann – ein Selbst kann jeder eben nur für sich selbst sein.

Diese ontologische Besonderheit kann eine rein naturalistisch ausgerichtete Wissenschaft und Philosophie gar nicht erfassen. Sie kommt mit dem Phänomen erlebnisfähiger Wesen, die aus einer Ich-Perspektive heraus agieren, nicht zurecht. Denn diese sind keineswegs als „objektive" Phänomene in Art äußerer Tatsachen erklärbar. Rein erfahrungswissenschaftliche Beschreibungen der Welt, die das Phänomen „selbstreflexiver Ich-Subjekte" (Holm Tetens) ausklammern, sind aber notwendig unvollständig. Dass die meisten Menschen es weder bemerken noch dass es sie zu stören scheint, wenn die Rolle ihres eigenen Bewusstseins in einem Weltbild komplett ausgeklammert wird, macht die Sache nicht einfacher. Erfreulicherweise gibt es eine Reihe von Psychologen und Philosophen die einen Sinn dafür haben und darauf bestehen, dass ein Phänomen wie ein Selbst als ein Phänomen der Erste-Person-Perspektive nicht aus äußerlichen Ursachen erklärbar ist. Die fundamentale Selbst-Identität gilt also ganz unabhängig davon, wie die jeweiligen Inhalte dieses Selbstes zustande gekommen sind und welche „Geschichte" es von sich selbst glaubt.

Bei jeder Konstruktion gibt es aber eine Instanz, ein Etwas oder einen Jemand, der die Konstruktion durchführt. Beim Konstrukt des Selbstes lässt sich deshalb ein Faktor mitnichten zur Illusion erklären: die Subjekthaftigkeit des Konstruierens selbst. Gerade wenn wir den Konstruktcharakter des Selbstes ernstnehmen, können wir also unterscheiden zwischen den Inhalten der Konstruktion und dem Wesen des Konstruierenden – wer oder was ist das, was uns ständig ein Selbstbild konstruiert?

Die Reduktion des Selbst auf ein „Nichts als" gelingt nicht, da sich ein „Selbst", das Identische, durch nichts außer ihm Gelegenes erklären lässt. Gegenteilige Versuche verlaufen im Prinzip nach demselben Muster, das uns auch schon anlässlich des „Dings an sich" begegnet ist. Das, was uns als Welt erscheint, soll nichts sein als aufgearbeitete und konstruierte Sinnesdaten, ein Bild der Welt im Kopf. Das Selbst wäre analog dazu das Bild des Selbst im eigenen Kopf. Wiederum wären die Basis dafür „nichts als" komplexe Gehirnvorgänge, die uns grundsätzlich nichts über eine wahre Wirklichkeit unseres Selbst sagen können. Wahr und wirklich sind allein die Nervenzellen, die uns empirisch vorliegen – wir kennen diese Argumentation und ihre entscheidende Schwachstelle bereits, dass sie nämlich an einer Stelle, um nicht ins Grund- und Bodenlose zu versinken, eine Anleihe beim naiven Realismus machen muss: die Nerven und ihre Funktionsweise müssen nämlich wirklich und tatsächlich so sein, wie sie uns scheinen, um die ganzen daran hängenden Folgen sodann als „Schein" entlarven zu können. Und am Ende des Ego-Tunnels sitzt zumindest ein Ego, das seine Erkenntnisse für wahr hält und mitunter sogar verbissen dafür kämpft.

Echt konstruktiv!

Die wirklich lohnende Konsequenz aus der Einsicht in den konstruierenden Anteil an unserem Selbst wäre der Ansatz, sich so genau wie möglich anzusehen, aus welchen Bestandteilen denn das Selbst mein Selbstbild geschaffen hat. Auch hier ist wieder das Unbewusste die große Herausforderung, und die moderne Psychologie hat einiges an Methoden aufgeboten, dieses Unbewusste ans Licht zu holen. Warum sehe ich mich immer als Verlierer? Warum bin ich in bestimmten Situationen so ängstlich - oder auch aufbrausend? Welchem Selbstbild folge ich da? Welche Einflüsse haben es gebildet – aus meiner Kindheit, aus späteren Erfahrungen? Welchen Mustern folge ich unbewusst? Die Psychologie hat im Laufe des 20. Jahrhunderts hilfreiche Werkzeuge zur selbständigen Erkundung solcher Fragen entwickelt und jeder, der sich auf einen solchen Weg der Selbstklärung macht, kann sich auf spannende Entdeckungen gefasst machen, die umso überraschender ausfallen je tiefer sie bisher verankert waren.

Ich erinnere mich zum Beispiel, wie ich bei einem Einführungskurs in das Enneagramm, eine neungliedrige Typologie der Psyche, beinahe atemlos den Ausführungen des Kursleiters lauschte, als er eine bestimmte Erlebnis- und Verhaltensform charakterisierte – und ich glaubte, der Mann würde in meiner eigenen Seele und Biographie lesen. Ich musste erkennen, dass eine ganze Reihe meiner Eigenschaften keineswegs so individuell und besonders waren, wie ich es vielleicht gern gehabt hätte, sondern dass es typische Formen waren, die unbewusst in mir angelegt sind. Das Unangenehme daran: Solche Typologien sind in der Regel Einseitigkeiten, d.h. Muster mit ganz bestimmten Stärken, vor allem aber auch Schwächen, die sich nicht ohne weiteres ändern lassen. Wir halten uns gern für nicht-konditioniert und absolut frei und wollen nicht gern mit der Zumutung konfrontiert werden, dass es absolute Freiheit in der relativen Welt unserer Existenz nicht gäbe, sondern dass Freiheit aus der Auseinandersetzung mit unseren realen Gewordenheiten entwickelt werden muss. Natürlich hat es mir sehr geholfen, diese meine Einseitigkeiten zu erkennen und zu akzeptieren und bewusster mit ihnen umzugehen.

Die Auseinandersetzung mit dem gewordenen Selbst und mit bestimmten Konstruktionsmustern muss sich aber nicht auf die Vergangenheit beschränken, sie öffnet vielmehr einen Freiraum zur Zukunft hin. Denn im besten Fall ist mit Selbsterkenntnis das befreiende Gefühl verbunden, dass ich es auch anders und selbstbestimmt machen kann. Viele Menschen haben heute ein starkes Bedürfnis, aus festgefahrenen Lebensverhältnissen – Berufssituationen, Partnerschaften – auszubrechen und eine Freiheit zu nutzen, die so noch vor drei oder vier Generationen erst für wenige existierte. Es gibt beeindruckende Beispiele dafür, wie Menschen nach Jahren eines routinierten Lebens noch einmal zu neuen Ufern aufbrechen, manchmal auch ganz wörtlich durch Wechsel des kompletten Lebensschauplatzes. All diese Menschen haben das konstruierende Element in ihrem Selbst nicht als fatales Konstrukt erlebt, sondern als Quelle des Schöpferischen für die eigene Biographie genutzt. So wird durch Selbsterkennntis unser Leben, nun ja – echt konstruktiv!

Eine zentrale Voraussetzung dafür ist die Möglichkeit, sich für das zu entscheiden, was man nach dem Prozess einer intensiven Auseinandersetzung mit sich wirklich will. Für diese

Möglichkeit kennen wir einen ebenso traditionsreichen wie heiß umstrittenen Begriff: die Freiheit des Willens. Gerade die aber wird uns von einem der mächtigsten skeptischen Glaubenssätze unserer Zeit streitig gemacht. Damit möchte ich mich im nächsten Kapitel näher beschäftigen.

6.
Vom ethischen Relativismus zur Würde der freien Entscheidung

„Es gibt keinen Unterschied von Gut und Böse" – ich bin immer wieder erstaunt, wie weit verbreitet dieser Glaubenssatz ist. Er wird erfahrungsgemäß vor allem immer dann in Anschlag gebracht, wenn unübersichtliche Verhältnisse, zum Beispiel im weltpolitischen Geschehen, ein Urteil tatsächlich schwer machen. Da sind flugs die politisch Verantwortlichen in den USA zu ebenso schlimmen Verbrechern erklärt wie islamistische Attentäter, und zwischen einer deutschen Kanzlerin und einem Bankräuber scheint es nur graduelle, aber keine grundsätzlichen Unterschiede mehr zu geben. Und wenn es um gut belegte Tatsachen wie die Kriegsverbrechen der Nationalsozialisten oder heutiger Kriegsherren etwa im Nahen Osten geht, dann ist schnell der relativierende „Whataboutism" zur Hand: Na, die Alliierten waren doch auch nicht viel besser und die Amerikaner machen es heute genauso schlimm wie ein Assad.

Und überhaupt: Die Mächtigen schreiben die Geschichte, wir können gar nicht so genau wissen, wie es wirklich war. Das Thema der „Narrative" hatte ich bereits ganz am Anfang behandelt. Keine Frage: So ein moralischer Relativismus hilft aus jeder Klemme, beim Smalltalk und in Talkshows kommt man gut damit über die Runden und mancher Autor füllt damit seine Kolumnen oder Bestseller. Moralischer Relativismus wirkt intellektuell überlegen und hilft aus so mancher Erklärungsnot.

Die Bereitschaft, den Unterschied zwischen Gut und Böse aufzugeben oder zu relativieren, reicht bis in anspruchsvolle Diskurse hinein. „Jenseits von Gut und Böse: Warum wir ohne Moral die besseren Menschen sind", lockt etwa der im Zeichen eines säkularen Humanismus wirkende Autor Michael Schmidt-Salomon und spielt dabei auf das bis heute zugkräftige Motto von Friedrich Nietzsche an, der ja die Moral auch schon zu einer willkürlichen Definitionssache erklärte. Hier geht es dann nicht nur um eine Relativierung der Kategorien von Gut und Böse, sondern darum, es überhaupt mit der Moral gut bzw. schlecht sein zu lassen.

Philosophisch gesehen kommt auch hier wieder der Konstruktivismus ins Spiel, dessen populäre Spielarten bereits Gegenstand in den vorangehenden Kapiteln waren. Seit wir Menschen durchschaut haben, dass der jahrhundertelang eindeutig wirkende moralische Deutungsanspruch von so mächtigen Institutionen wie den Kirchen nicht nur menschlich oft wenig glaubwürdig war, sondern ganz grundsätzlich auf menschengemachten Fundamenten beruhte, sind wir unsicher geworden. Sich ein moralisches Urteil zuzutrauen, wirkt heutzutage nicht nur leicht anmaßend, sondern auch unaufgeklärt. Das Motto „Nur nicht werten!" dagegen ist für manchen und manche zu einer Art Mantra geworden.

Warum aber fällt uns eigentlich eine Entscheidung gerade dann so schwer, wenn es um Werte geht? Beim Essen beispielsweise werten wir ganz unverzagt: Das eine schmeckt uns gut, das andere mögen wir nicht, und wir haben auch keine Bedenken, hier zu unserem Urteil zu stehen und das, was wir schlechter finden, zurückzuweisen oder zu meiden. Auch beim Wetter ist es klar: Wir finden es schön oder schlecht oder zu heiß oder zu kalt, aber in jedem Fall beurteilbar. Auch bei den Stars im Sport oder in der Unterhaltungsindustrie beurteilen wir manche eindeutig besser als andere. Einige wenige lassen sich teure Tickets von uns bezahlen im Wissen, dass sie das Geld auch Wert sind, während andere froh sind, es ins Vorprogramm der Großen zu schaffen. Das gilt unabhängig davon, dass finanzieller Erfolg selbstverständlich nicht alleiniges Merkmal von Qualität ist. Hier kommt es auf das Faktum der Beurteilung an. Nur im Moralischen scheinen wir Eindeutigkeiten wie die Pest zu meiden. Warum nur?

Zum einen liegt es wohl daran, dass uns das Gute grundlegend suspekt geworden ist. Wenn eine Person des öffentlichen Lebens Ansehen genießt, haben findige Investigatoren bald Dinge an ihr entdeckt, die wenig schmeichelhaft für sie wirken. Wer heute ein Held der Freiheit ist, lässt sich vielleicht schon morgen mit den Despoten dieser Welt ein. Bereits Hegel sagte: „Für einen Kammerdiener gibt es keinen Helden" – und im Zeitalter des Internet ist die Welt voller Kammerdiener mit Facebook-Account. Wo aber wäre das Gute zu finden?

Richtig ist: Das Gute kennen wir nicht im Sinne eines real existierenden und verwirklichten Guten, das für alle und für alle Zeiten bindend wäre. Und doch ist die Idee des Guten seit Platon ein oberster Richtwert, an dem wir andere und uns selbst messen können. Wir Menschen begreifen das in der Regel von klein auf sehr gut; als Kinder wissen wir, was gut ist und was nicht, und insbesondere in den Märchen haben wir – freilich unter sehr einfachen und eindeutigen Vorzeichen – immer recht schnell erfahren dürfen, wer der Gute und wer der Böse ist. So einfach ist es im richtigen Leben selbstverständlich nicht – aber auch da brauchen wir die Idee des Guten. Die Leugnung der Möglichkeit der Unterscheidung des Guten vom Bösen hilft allein den Relativierern dieser Welt, für die demokratische Wahlen auf der gleichen Stufe stehen wie die Despotie eines Familienclans und Menschenrechte eine Erfindung der westlichen Welt sind.

Besser oder schlechter?

Für Plato war das Gute die höchste aller Ideen, und mehr als eine Idee in dem Sinne, wie wir heute ein abstraktes Ideal verstehen, es war eine Richtkraft: Aus ihr geht alles andere hervor, in ihr hat alle Ordnung, alle Erkennbarkeit ihren Ursprung. Diese Idee des Guten, im Absoluten verankert, ist selbst nicht fassbar und nicht definierbar – deshalb können wir sie auch nicht als oberste Leitlinie an den Anfang all unserer Gesetze festschreiben. Sie ist so absolut, dass sie sich nicht in die Welt des Relativen zwängen lässt. Genau deshalb ist sie so angreifbar. Sie ist aber sehr wohl real und als ein deutungsmächtiger

Bezugspunkt wirksam und erlaubt uns in der realen und immer eingeschränkten Welt eine wichtige Unterscheidung: Während Gut und Böse tatsächlich nie in dieser kategorialen Reinheit auftreten, gibt es sehr wohl die ebenso wichtige wie hilfreiche Unterscheidung zwischen dem Besseren und dem Schlechteren. Die Richtung zum Guten ist dabei immer die mehr umfassendere: Es geht beispielsweise mehr in Richtung des Guten, wenn wir uns nicht nur um die eigenen Belange kümmern, sondern auch um die unserer Mitmenschen; wenn unsere ethische Einstellung nicht ego-zentrisch ist, sondern welt-zentrisch wird, also die Belange der uns umgebenden Dinge so weit es geht einbezieht. In einem absoluten Sinne ist das nicht möglich, niemand kann die Welt retten. Es gibt aber erhebliche Unterschiede zwischen jenen, die über die Welt nur vom Stammtisch oder der eigenen Computertastatur aus befinden und jenen, die anfangen das Schicksal einzelner Menschen konkret besser zu machen. Die einen lassen, weil für sie der Unterschied von Gut und Böse ohnehin relativ ist, alles beim Alten, die anderen bewegen die Verhältnisse stückweise in Richtung des Besseren.

Dazu noch ein Beispiel: Wenn von den unhaltbaren und tierquälerischen Verhältnissen in der heutigen Massentierhaltung die Rede ist, reden wir uns gern damit heraus, dass es doch in der artgerechten Tierhaltung auch nur darum gehe, am Ende die Hühner, Schweine oder Kühe zu töten und zu verzehren. Das ist zwar richtig, es nivelliert aber nicht den Unterschied, ob gefühlsfähige Wesen ihr ganzes Leben unter quälenden Umständen verbringen müssen oder nicht. Es ist eindeutig besser, die Lebensbedürfnisse von Tieren zu berücksichtigen als unnötiges Leiden zu produzieren. Noch besser wäre es ethisch gesehen vielleicht, gar keine Tiere mehr der menschlichen Ernährung wegen zu töten. Die damit verbundenen Fragen, ob ein Verzicht auf Tierhaltung grundsätzlich möglich wäre, ob dann eine ganze Reihe von Tierarten überhaupt noch existieren könnten (Haustiere!), welche Bedeutung das für die Interaktion von Mensch und Tier auf den verschiedensten Ebenen hätte oder wie es ohne tierischen Mist um die Bodenfruchtbarkeit bestellt wäre, kann ich hier nicht weiter verfolgen. Auf jeder dieser Ebenen wird sich aber die Orientierung an den Polen von Schlechter oder Besser als hilfreich erweisen.

Durch diese Unterscheidung im praktischen Leben, die sich an den obersten Richtwerten von Gut und Böse orientiert, lässt sich eine Art von moralischem Fundamentalismus vermeiden und gleichzeitig etwas Wertvolles gewinnen: Die Instanz der Entscheidung und die Bürde der Verantwortung. Denn wenn alles gleich gut oder schlecht wäre und wenn ohnehin alles egal ist, brauchten wir keine Wahl zu treffen. Gerade im Akt des Entscheidens aber ist es an uns, einen Unterschied zu machen, ob es so oder so kommt – und dafür auch die Verantwortung zu tragen.

Sicher, oft wird eine innere Instanz, die zu einer solchen Entscheidung in der Lage wäre, glatt geleugnet. Es gäbe weder ein autonomes Ich oder eine autonome Persönlichkeit (siehe Kapitel 5) noch so etwas wie den freien Willen, sagt man vielfach. Das kollektive Bewusstsein unserer Gesellschaft ist da – zum Glück, möchte ich sagen – deutlich anderer Auffassung und hat dies auch in Gestalt von gültigen Institutionen festgeschrieben: Gesetze, Gerichte und Strafverfolgungsbehörden wären überflüssig und Staatsanwälte ab sofort arbeitslos, wenn wir wirklich keine Wahl hätten beziehungsweise wenn es anthropologisch gesehen niemanden gäbe, keine Instanz in uns, die zur Verantwortung gezogen werden könnte. Dabei kennt beispielsweise das deutsche Strafrecht neben der Feststellung des Straftatbestandes ausdrücklich auch den Begriff der persönlichen Schuld, der sich auf die Einsichtsmöglichkeit und Verantwortungsfähigkeit eines Menschen bezieht. Wo diese Fähigkeit ganz (wie im Falle psychischer Anomalien) oder zeitweise (etwa durch Drogenmissbrauch) fehlt, kann auch der Schuldbegriff nur begrenzt greifen – mit entsprechenden Auswirkungen auf das richterliche Urteil.

Den Unterschied machen Sie!

Das Postulat einer freien und verantwortungsfähigen Instanz in uns ist aber nicht etwa ein notwendiger Lückenbüßer, um das Einhalten von gesellschaftlichen Regeln einigermaßen gewährleisten zu können. Diese Instanz – so ungreifbar oder so wenig substanziell sie scheinen mag – ist vielmehr der Quellpunkt, um unser Menschsein zu verwirklichen. Entscheiden zu können ist Freiheit, es ist Qual und Glück, es ist Last und Lust, wie wir alle aus Erfahrung wissen. Entscheiden zu können heißt immer auch, selbstbestimmt handeln zu dürfen.

Sicher ist auch das ein Ideal angesichts der zahlreichen Zwänge und Notwendigkeiten, unter denen jeder von uns lebt. Es ist aber eine unerlässliche und wertvolle Richtschnur, und dass es Situationen gibt, in denen wir durch äußeren Zwang oder innere Barrieren nicht frei sind, schmälert den Rang der Entscheidung nicht, sondern kann den Blick dafür schärfen, dass es bessere und schlechtere Bedingungen für selbstbestimmte Entscheidungen gibt.

Umgekehrt gibt es beeindruckende Beispiele dafür, dass sich Menschen sogar in äußerlich extrem widrigen Verhältnissen in einem bewunderungswürdigen Ausmaß frei verhalten. Ich denke hier an den Auschwitz-Überlebenden Viktor E. Frankl, der in seinen Erinnerungen „Trotzdem Ja zum Leben sagen" die Überzeugung ausgedrückt hat, „dass man dem Menschen im Konzentrationslager alles nehmen kann, nur nicht die letzte menschliche Freiheit, sich zu den gegebenen Verhältnissen so oder so einzustellen. Und es gab ein ‚So oder So'!" Frankl gelang es offenbar, selbst angesichts der Behandlung durch seine Aufseher die innere Freiheit zu wahren, wie er darauf reagieren könne: mit Hass oder eingedenk der eigenen Würde, die ihm auch der Unmensch nicht nehmen konnte. Ein anderer Holocaust-Überlebender, der Ungar Robert O. Fisch, erzählt in seinem Buch „Licht vom gelben Stern" von einem Schlüsselmoment seines Lebens, als er nach der Befreiung aus dem Lager von einem Deutschen um etwas zu essen angebettelt wurde: „Die Nazis deportierten mich in ein Konzentrationslager, weil ich jüdischer Herkunft bin. Nachdem ich befreit wurde, konnte ich mich aber frei entscheiden, wie ich handeln wollte, als ich einen meiner ehemaligen Feinde traf, der hungerte. Eine Ungerechtigkeit kann nicht mit einer anderen korrigiert werden, also gab ich ihm zu essen".

Robert Fisch hätte allen Grund gehabt, seinen mehr als verständlichen Emotionen zu folgen und einem Deutschen die erbetene Hilfe zu verweigern. Er konnte aber offensichtlich in der akuten Situation zwischen dem Anlass der Handlung und seiner Reaktion darauf einen kleinen Abstand halten, der Raum für eine bewusste Entscheidung gab, in der er auch zwischen dem Kollektiv der Deutschen und dem einzelnen notleidenden Individuum, das vor ihm stand, zu unterscheiden vermochte. Dieser kleine Moment der Bewusstseinsbildung wird im Alltag oft versäumt. Stattdessen handeln wir in bestimmten Situationen häufig fast automatisch und folgen biographisch abgespeicherten Programmen, Verhaltensmustern oder Instinkten. Im Gegensatz dazu handeln wir offensichtlich nur dann selbstbestimmt, wenn nichts anderes unser Verhalten bestimmt, wenn wir die Gründe unseres Handelns einsehen und wissen können: Niemand anderer, keine Autorität, kein gesellschaftlicher Druck, keine Konvention und auch kein bloß emotionaler Reflex motivieren meine Entscheidung, sondern dass ich selbst sie – unter Berücksichtigung aller Umstände – als die für mich und die Welt angemessene will.

Freiheit ist Risiko

Dass es möglich ist, nicht wie ein Automat zu handeln, sondern tatsächlich freie Entscheidungen zu treffen, ist eine der höchsten Würden, die wir als Menschen erfahren können. Ich denke an Dietrich Bonhoeffer, als er sich entschloss, als Theologe den Widerstand gegen Hitler zu unterstützen und diesen Weg bis zum bitteren Ende zu gehen; Willy Brandt, als er für die Aussöhnung mit Polen seine politische Laufbahn riskierte; die junge pakistanische Aktivistin Malala, die trotz eines Attentats ihre Mission für die Bildung junger Mädchen in Pakistan fortsetzt; eine Millionärin, die eine segenbringende Stiftung gründet oder der Rentner, der seine viel zu groß gewordene Wohnung mit einem Flüchtling teilt – die Grade der Freiheit, des Risikos und der Bewundernswürdigkeit dieser Entscheidungen bewegen sich auf unterschiedlichen Ebenen. All diesen und vielen ähnlichen Beispielen ist aber gemeinsam, dass sie dem Gesetz des Erwartbaren das Prinzip des Neuen und Überraschenden entgegensetzen.

Allerdings: Es gibt meist im Voraus keine Garantie dafür, ob etwas, was ich mir selbst aus „den besten Absichten" heraus vornehme, tatsächlich auch gut wird. Umgekehrt ist es einfacher, Dinge nicht zu tun. Die Zehn Gebote etwa haben auch deshalb eine so lang anhaltende ethische Kraft, weil sie uns zum größten Teil sagen, was wir *nicht* tun sollen und wie wir das Böse vermeiden: „Du sollst nicht töten, Du sollst nicht stehlen, Du sollst nicht begehren Deines nächsten Weib ...". Auch unser Gewissen meldet sich überwiegend dann, wenn es gilt, uns von etwas abzuhalten, wie schon Sokrates sagte:

„Mir aber ist dieses von meiner Kindheit an geschehen: eine Stimme nämlich, welche jedes Mal, wenn sie sich hören lässt, mir von etwas abredet, was ich tun will, – zugeredet aber hat sie mir nie."

Gilt es aber umgekehrt, etwas Neues in die Welt zu bringen oder sich in einer riskanten Situation entscheiden zu müssen, sind wir oft schmerzlich auf uns allein gestellt. Das hat auch der oben schon erwähnte Dietrich Bonhoeffer so gesehen, als er schrieb: „Der Buchstabe tötet, der Geist macht lebendig, sagt bekanntlich Paulus (2 Korinther 3, 6); das bedeutet: Geist gibt es nur im Vollzug des Handelns, in der Gegenwart, der festgelegte Geist ist kein Geist mehr. So gibt es auch Ethik nur im Vollzug der Tat, nicht in Buchstaben, d. h. im Gesetz. Der Geist aber der im ethischen Handeln an uns wirksam ist, soll der Heilige Geist sein. Heiligen Geist gibt es nur in der Gegenwart, in der ethischen Entscheidung, nicht in der festgesetzten Moralvorschrift, im ethischen Prinzip." Für mich ist es sehr erstaunlich, dass er als überzeugter Christ sogar folgert: „Darum können die neuen Gebote Jesu niemals als neue ethische Prinzipien aufgefasst werden, sie sind in ihrem Geist nicht buchstäblich zu verstehen." Die Entscheidung in Freiheit ist eben auch deshalb frei, weil sie uns niemand abnehmen kann. Nur wir selbst können sie treffen.

Egoistisch – dann aber schön und gut!

Kaum aber haben wir die Instanz des Ich in uns gewürdigt, die einer freien Entscheidung fähig ist, folgt schon die nächste Einschränkung auf dem Fuße. Sie kleidet sich oft in den Einwand: „Sicher, es mag ein solches Ich geben, das Entscheidungen fällt – aber am Ende denkt doch nur jeder an sich selbst."

Kaum etwas trägt mehr zum allgemeinen Kulturpessimismus bei als dieses Credo, mit dem manch einer eine Art Fazit der Weltgeschichte zu ziehen glaubt. Denn dieser Satz meint ja: Alle Anstrengungen, alles Nachdenken, alle Religion, Philosophie und Ethik haben am Ende nichts genutzt; es gibt nur eine Konstante im menschlichen Verhalten – und das ist der Egoismus. Und selbst, wenn sich Menschen offensichtlich darum bemühen, sich für anderes als ihre nächstliegenden Interessen einzusetzen, sind manche Zeitgenossen erst dann zufrieden wenn sie nachweisen können, dass auch ein scheinbar uneigennütziges Verhalten am Ende doch mit Vorteilen für die betreffende Person verbunden ist. „Na also!"

Wie traurig, wenn das der Weisheit letzter Schluss wäre. Ich vermute, dass sich hinter diesem Einwand oft die Unfähigkeit verbirgt, so etwas wie die Existenz von Freiheit und ethischer Gesinnung zu ertragen – vielleicht, weil man selbst zu oft enttäuscht wurde oder sich durch das Weltgeschehen in seiner eigenen negativen Einschätzung bestätigt sieht. Vielleicht aber auch deshalb, weil es ja bedeuten würde, sich selbst die Anstrengung in Richtung des Guten oder zumindest des Besseren zu ersparen – auch der eigene Egoismus wäre gerechtfertigt. Diese Argumente sind aber mehr psychologischer Art und genügen mir deshalb nicht. Immerhin: Wer den Egoismus zum alleinigen Antrieb allen Handelns erklärt, erkennt auch ein Ego an, das darin handelt, er gesteht also zumindest ein Subjekt zu, das seine Motive kennen muss, um sie zu verfolgen. Kann man aus diesen Bausteinen nichts Besseres machen? Ich möchte versuchen, den Knoten dieses Glaubenssatzes zu lösen, indem ich das moralisch verwerflich Wirkende, das im Begriff des Egoismus mitschwingt, einmal in einen größeren Kontext stelle.

Alles Nachdenken über Ethik und Moral hat in der Vergangenheit eine gewisse Schlagseite dadurch bekommen, dass man immer von sich ausschließenden Gegensätzen ausgegangen ist: Hier die Freiheit des Einzelnen, dort die Verantwortung für das Ganze; hier das Eigeninteresse, das grundsätzlich schädigend wirkt, dort das Gemeinwohl, für das sich der Einzelne in seiner Freiheit – angeblich – beschränken muss (was keiner wirklich will). Ethik wurde ganz überwiegend mit Einschränkung, mit Verzicht oder gar Askese gleichgesetzt. Fast nie kam man aber auf die Idee, dass man gerade am Guten – das heißt am Umfassenderen und am Weitergefassten – Freude haben kann! Regeln einzuhalten, an andere zu denken und etwas für die Allgemeinheit zu tun, das macht keinen Spaß, meint man. Das Gute verbinden wir meist mit moralinsauren Gesichtern. Muss das so sein?

Bekanntlich war es Schiller, der sich einen Scherz machte und das eher dröge Ethik-Verständnis von Kant als bloße Pflichtbefolgung ironisch aufs Korn nahm: „Gerne dien ich den Freunden, doch tu ich es leider mit Neigung, Und so wurmt es mir oft, dass ich nicht tugendhaft bin", heißt es da. Schiller hatte ein anderes Verständnis von Moral: Wer sittlich handelt, vereint in sich die Gegensätze von Freiheit und Pflicht und folgt einem eigenen inneren Gleichgewicht. Dieses Gleichgewicht – man denke an eine Tänzerin oder einen Artisten, der sich einer inneren Abfolge von Bewegungen entsprechend bewegt – bringt in seinem Verhalten eine Form, eine bestimmte Gesetzlichkeit zum Ausdruck, und das erleben wir als anmutig, als „schön". Der echte Ausdruck des Guten wäre demnach nicht die asketische Einschränkung, sondern die Schönheit des inneren und äußeren Gleichgewichts. Ethik und Ästhetik sind sich, so betrachtet, näher als wir oft denken!

Es kann einfach schön sein, sich gut zu verhalten, es kann mich bereichern und muss mich keineswegs einengen. Wenn ich in meine ethische Verantwortung auf diese Weise die Welt einbeziehe und es mir am Ende gar, wie die Buddhisten sagen, um das Wohl aller Wesen geht, dann wäre auch das insofern egoistisch, weil ich es ja selbst will, weil ich diese Ziele und Inhalte favorisiere. Ich selbst bin es, der sich auch die höchsten Ziele setzt, sich leidenschaftlich dafür einsetzt und dabei eine Lust empfindet, die mehr umfasst als die Befriedigung von Pflichtgefühl.

Es kommt also am Ende nicht darauf an, ob der Egoismus der Antrieb allen Handelns ist, sondern welche Ziele sich das Ego in seinem Leben setzt: Sind es kleine und kleinliche Ziele oder sind es große Ideale? Sind darin ausschließlich meine eigenen Interessen eingeschlossen oder auch die meiner näheren und ferneren Mitmenschen? Wer sich beispielsweise für Flüchtlinge engagiert, wer sich um eine intakte Umwelt kümmert oder sich Gedanken macht, wie ein gerechteres Wirtschaftsleben aussehen könnte, schränkt doch keineswegs seine Freiheit ein, sondern verwirklicht sich selbst im Verfolgen seiner Ziele auf umfassendere Weise, er macht etwas Größeres und Schöneres aus seinem Leben.

Es gibt eben durchaus so etwas wie das Glück der Hingabe. Dieses Glück braucht keine Befriedigung in einem bestimmten Ziel, es findet seine Erfüllung im Tun an sich, besonders im Einsatz für andere Menschen. Die in unserem Kulturkreis wohl bekanntesten Glücks-Verheißungen durch Hingabe in diesem Sinne gehen auf Jesus und seine Bergpredigt zurück, wo er sagt: „Glücklich seid ihr, wenn ihr arm seid, glücklich seid ihr, wenn ihr trauert, wenn ihr nachgebt, wenn ihr hungert und dürstet, wenn ihr barmherzig und gut seid, ... wenn ihr Frieden stiftet untereinander" – und man muss nicht religiös sein, um das sinnvoll zu finden.

Eine Nachfolgerin in diesem Sinne war die Armenhelferin Mutter Theresa, die in Indien gewirkt hat. Die Friedensnobelpreisträgerin formulierte als Leitsatz: „Gib der Welt das Beste, das du hast, auch wenn es nie genug sein wird – gib der Welt dennoch dein Bestes." Hier ist das Scheitern, das Ungenügende allen irdischen Bemühens schon einkalkuliert, und es geht gar nicht um das Erreichen. Und ein weiterer großer Helfer unserer Tage, der 2016 leider viel zu früh verstorbene Gründer von Cap Anamur und der „Grünhelme", Rupert Neudeck, fügte einen weiteren Aspekt hinzu: „Die Richtung ist ganz einfach:

Nicht, dass man auf etwas verzichten muss. Sondern, das einzige, wozu wir in der Lage sein müssen, ist, dass wir uns schämen müssen, allein glücklich zu sein." - Nicht ruhen können, solange noch jemand unglücklich ist – was für ein hohes, zukunftsweisendes Ideal!

Es wäre also möglich, den „Egoismus" so zu weiten, dass am Ende die ganze Welt hineinpasst. Wer aus der Einsicht oder dem Gefühl der Einheit allen Seins handelt, erkennt, dass er selbst untrennbarer Teil dieser Welt ist. Er wird der Welt und seinen Mitmenschen nicht schaden wollen, weil er sich damit am Ende selbst schaden würde.

7.
Ein Plädoyer für den Dialog und die Kraft der Sprache

Die bisherigen Ausführungen könnte ich in der Überzeugung zusammenfassen, dass ein grundlegender Zusammenhang besteht zwischen Wirklichkeitsfähigkeit und Ethik, dass sich die Suche nach einer erkennbaren Grundordnung der Dinge lohnt und die Chance besteht, in einer tieferen Übereinstimmung mit ihr zu leben. Noch einfacher formuliert: Ich bin überzeugt davon, dass es grundsätzlich möglich ist, aus Einsicht zu handeln und dass daraus Gutes für die Welt entstehen kann. So einfach, so schwer.

Die Voraussetzung dafür ist einerseits die uns allen zugängliche Wirklichkeit (von der wir uns immer auch korrigieren lassen können, wenn wir falsch liegen) und die uns gemeinsam gegebene Vernunft mit Regeln sachgemäßen Urteilens und schlüssigen Denkens. Damit haben wir uns in den vorangegangenen Kapiteln ausführlich auseinandergesetzt. Es fehlt aber noch ein wichtiger Baustein, damit das alles auch in der Gesellschaft leben kann, es fehlt die soziale Dimension. Denn niemand lebt für sich allein, niemand denkt und urteilt nur für sich – im Gegenteil, all das muss sich im Zusammenhang der Gesellschaft bewähren, durch die ja Probleme und Fragen erst in meinen Horizont treten und innerhalb derer ich mich mit meinen eigenen Wertsetzungen auseinandersetzen muss. Ich muss in der Lage sein, meine eigenen Ideen zu begründen und auch Widerspruch von anderen auszuhalten; ich muss lernen, in einer keineswegs homogenen sozialen Wirklichkeit zurechtzukommen.

Tatsächlich entstehen auf dieser Ebene ganz neue Fragen, mehr noch, im Grunde waren es ja die Schwierigkeiten in diesem Bereich, von denen meine Überlegungen ihren Ausgang genommen hatten: Die Verunsicherung durch „alternative Fakten", die angebliche Existenz von mehreren Wahrheiten, die scheinbare Auflösung und Relativität von Verantwortlichkeit und Moral – all das droht uns ganz persönlich den Boden unter den Füßen wegzuziehen, aber auch einen (wenigstens minimalen) gesellschaftlichen Konsens zu zerstören. Plötzlich ist nicht mehr klar, was eine Tatsache ist, der Unterschied von richtig und falsch ist Interpretationssache und am Ende wirkt auch der Wert von Freiheit so relativ, dass man auch schon mal einen offensichtlichen Despoten als „gar nicht nur schlecht" einstuft.

Vernunft als Basis der Offenen Gesellschaft

So schnell drohen die Fundamente einer Form des Zusammenlebens zu erodieren, die in Europa nach langen Kämpfen aufgebaut und gerade in Deutschland erst nach vielem Leid etabliert werden konnte. Seit der Aufklärung haben die fundamentalen Ideen, dass alle Menschen mit denkender Vernunft ausgestattet und moralisch verantwortungsfähige Wesen sind, auf die Entstehung einer Offenen Gesellschaft hingewirkt, die auf äußere Autorität und weltanschauliche Vorgaben zugunsten der Freiheit des Individuums verzichtet. Weil eben jeder Einzelne über Vernunft verfügt, darf der Staat keine inhaltlichen Vorgaben zu ihrem Gebrauch in diese oder jene Richtung machen. Damit das funktioniert und ein notwendiger Zusammenhalt nicht mehr von außen gesetzt werden muss, sondern sich aus dem Interagieren vieler einzelner Vernunftwesen ergeben kann, muss aber auch ein Mindestmaß an Bürgerinnen und Bürgern vorhanden sein, die ein gewisses Maß an Komplexität halten und sich selbst im Verhältnis zum Ganzen einordnen können, Vertreterinnen und Vertretern des Typs „innengeleiteter" Menschen, wie Wilhelm von Humboldt das genannt hat, die also ein verbindlichkeitsfähiges Strukturvermögen in sich selbst tragen, sonst zerfällt eine Gesellschaft in lauter Atome.

Auf einer ersten Ebene gibt es für dieses Interagieren bestimmte Spielregeln, die das Funktionieren einer Offenen Gesellschaft ermöglichen. Sie haben den Sinn, so wenig wie möglich vorab festzulegen, sie sollen vielmehr eine Selbstregulierung im gesellschaftlichen Kräftespiel ermöglichen. Ich finde es dabei wichtig zu sehen, dass es für eine freiheitliche Gesellschaft nicht ausreicht, allein nach Demokratie zu rufen, so wichtig sie auch ist: Immer wieder wurden in jüngerer Zeit durch demokratische Abstimmungen Mehrheiten geschaffen, die dann zur Unterdrückung von Minderheiten oder gar dem Außerkraftsetzen elementarer Freiheiten geführt hat. Erst im Verbund mit der Bindung an grundlegende Menschenrechte mit ihrem Fundamentalgebot der Unveräußerlichkeit des Menschen und mit dem Prinzip der Rechtsstaatlichkeit, das Bürger auch vor Übergriffen (und Begehrlichkeiten) des Staates schützt, gelingt eine auf Freiheit hinorientierte Staatsform. Natürlich gehört dazu grundlegend die parlamentarische (oder in Teilen auch direkte) Demokratie mit Wahlen und Mehrheitsentscheidungen, aber auch mit Minderheitenrechten; es braucht dazu die staatliche Garantie der Freizügigkeit der persönlichen Lebensführung, der Meinungs- und Glaubensfreiheit; es braucht das Ausbalancieren nicht nur zwischen Parlament, Rechtswesen und Verwaltung, sondern auch und vor allem den Beitrag kritischer Medien, die ungehinderte Arbeit gesellschaftlich relevanter Organisationen wie Verbände, NGOs und Kirchen sowie nicht zuletzt ein freies und unabhängiges Kulturleben. Die leitenden Prinzipien in diesen Teilen des gesellschaftlichen Kräftespiels sind je nach Bereich durchaus unterschiedliche: Das Rechtswesen und die Gesetzgebung orientieren sich an möglichst allgemeingültigen Grundsätzen, die für alle gleich sind; im Parlamentarismus folgt das Kräftespiel wechselnden Mehrheiten, die durch geregelte und transparente Abstimmungen zustande kommen; im Kulturleben schließlich ist es idealerweise dann wirklich ein „Spiel", für das es nur noch äußerliche Regeln, aber keine Vorschriften bei Inhalten und Formen mehr gibt. Wir sehen: Zum Gelingen der Offenen Gesellschaft genügt kein einzelner

Schlachtruf („Wir sind das Volk!" oder auch „Demokratie durch Volksabstimmung!") sondern es ist nötig, dass genügend viele Mitbürgerinnen und Mitbürger über die nächstliegenden eigenen Interessen hinausblicken und das soziale Ganze mitberücksichtigen können. Wenn diese Grundlage in immer mehr Menschen erodiert und stattdessen vereinfachende Parolen Oberhand gewinnen, dann nützen auch die besten Verfassungsgrundsätze nichts mehr – dann kippt eine Gesellschaft.

Verstehen im Dialog

Damit all das oben Beschriebene funktioniert, muss es neben der verbindenden Vernunft noch etwas geben: ein ausreichendes gegenseitiges Verstehen. Hier aber fragt sich: Wie können wir uns denn eigentlich verstehen? Und vielleicht noch weiter: Können wir uns *überhaupt* verstehen?

Es dürfte unmittelbar einsichtig sein, wie existenziell diese Frage für den Bestand unserer Gesellschaft ist. Es geht hier weniger darum, eine Übereinkunft für jede Situation vorab zu erzwingen, sondern um das in einer Gesellschaft wachzurufende Vertrauen, einen Konsens da, wo er nötig wird, immer neu erzielen zu können, auch wenn das oft mühsam ist. Die dazu unverzichtbaren Mittel sind der Dialog und eine gemeinsame Sprache. Wie ist es um diese Mittel bestellt?

Ich möchte mir dieses Feld hier einmal weniger auf der politischen, sondern auf einer grundlegend menschlichphänomenologischen Ebene ansehen. Das Gelingen des Dialogs setzt voraus, dass sich (mindestens) zwei Individuen begegnen können. Das ist schwerer als es auf Anhieb klingt! Es war Martin Buber, der auf eindrückliche Weise darauf aufmerksam gemacht hat, dass sich die Begegnung mit dem Anderen grundlegend von aller sonstigen gegenständlichen Erfahrung unterscheidet, ja dass der Zugang zum Anderen durch ein übliches, gegenständlich ausgerichtetes Erfahren oder Wahrnehmen gar nicht möglich ist. Der oder die Andere ist nämlich kein „Es", bei dem ich es mit der Gegenständlichkeit belassen kann, sondern ein Subjekt wie ich selbst, ein Du. Als Objekt betrachtet erfasse ich nur Äußerlichkeiten eines Gegenübers, aber nicht das, was den Anderen zu einem Subjekt macht, ich erfasse ihn nicht da, wo er oder sie so ist wie ich selbst! Und dieses Subjekt-Sein macht den Anderen ja auch in gewisser Weise unerreichbar für mich – aber nicht grundsätzlich, sondern eben nur für mein gegenständliches Wahrnehmen. Das Du kann ich nicht wahrnehmen, ich kann ihm nur *begegnen*, und im Gegensatz zu aller Erfahrung von Objekten ist die Ich-Du-Beziehung ein Vollziehen und Vollziehen-Lassen.

Ein weiterer Hinweis von Buber zum Dialog: In einer Begegnung geht es immer um mehr als nur um die Summe derer, die sich begegnen. Ein weiterer wichtiger Pionier der Dialogtheorie war der Physiker David Bohm. Für ihn ist entscheidend sich darauf einzulassen, dass im Dialog mehr entsteht als ich selbst oder der Andere als einzelne einbringen. Dialog öffnet und schafft eine eigene Form von Intelligenz – eine „dialogische Intelligenz", wie es das Autoren-Trio Hartkemeyer in einem gleichnamigen Buch formuliert hat („Dialogische Intelligenz". Aus dem Käfig des Gedachten in den Kosmos gemeinsamen Denkens, 2016). Sich darauf einzulassen verlangt auch, von dem bereits vorhandenen Wissen absehen zu können, von einengenden Interessen und anderen Vorgaben, die ich selbst mitbringe. Echter Dialog ist deshalb immer eine äußerst verletzliche Situation, weil er auf die scheinbare Sicherheit vorweggenommener Ergebnisse verzichtet.

Deshalb ereignet sich ein wirklicher Dialog auf vielen gesellschaftlichen Feldern auch so selten, obwohl seine innovative Qualität gerade dort so nötig wäre: In der Politik geht es immer um den Abgleich der Interessen von Parteien, die sich nicht ohne Grund als „politische Gegner" definieren; über ihre Berechtigung wird durch Abstimmung entschieden, nicht oder nur zu einem geringen Teil durch Dialog. Auch in Tarifverhandlungen finden keine Dialoge statt, sondern Machtkämpfe, bei denen bestenfalls Kompromisse herauskommen. Und selbst auf kultureller Ebene wie etwa bei interreligiösen Gesprächen ist es oft kein echter Dialog, der entsteht, sondern ein – wenn es gut geht – kultivierter Austausch von mehr oder weniger festen Positionen. Zum Dialog würde auch hier die Offenheit gehören, dass „der Geist weht wo er will", was immer das Risiko einschließt, von ihm gegebenenfalls auch dorthin mitgenommen zu werden, wo man zunächst gar nicht hinwollte. Dialog-Möglichkeiten in diesem letzteren Sinne, die eher im Kulturbereich denn in der Politik anzusiedeln wären, könnten indessen für das gesamte gesellschaftliche Leben eine positive Wirkung haben.

Mir ist es wichtig hier zu betonen, dass es im Sinne Bubers zwar schwer, aber nicht unmöglich ist, im Dialog dem Anderen wirklich zu begegnen. Das durchaus verbreitete Postulat einer grundsätzlichen Unerreichbarkeit des Anderen ist dagegen auch wieder so ein resignativer Glaubenssatz, der sich folgerichtig aus einer ganzen Reihe anderer Glaubenssätze zusammensetzt, mit denen ich mich in den vorangegangenen Kapiteln schon auseinandergesetzt habe: Wenn ich nämlich annehme, dass ich nichts über die Wirklichkeit wissen kann, dass meine Gedanken und Gefühle nur subjektives Innenleben sind, ja dass ich selbst nur ein Konstrukt bin, dann ist es nur folgerichtig, dass ich mit anderen Konstrukten dieser Art nicht wirklich kommunikationsfähig bin, sondern dass jeder von uns letztlich in einer Blase lebt.

Auch wenn diese Annahmen falsch sind und die Begegnung mit dem Anderen tatsächlich möglich ist, bliebe immer noch eine mögliche Einschränkung, die einen echten Dialog, echten Austausch und wirkliches Verstehen unmöglich machen würde. Das wäre nämlich dann der Fall, wenn sich die Sprache selbst, in der ja jeder Dialog stattfindet, ihrem Wesen nach gar nicht für das gegenseitige Verstehen eignen würde. Dann könnte ich, durch die Sprache begrenzt, nie wirklich verstehen, was dieser Andere denkt, fühlt oder will – weil das Medium der Sprache für die entsprechende Vermittlung eben nicht ausreichen würde. Wir wären dann eben doch wie Schiffbrüchige, die zwei benachbarte Inseln bewohnen, wir könnten uns als Menschen gegenseitig identifizieren, aber das, was wir uns sagen wollten, würde immer vom Wind und von der Brandung verzerrt.

Was Sprache vermag

Die Annahme einer solchen grundsätzlichen Begrenztheit unseres Ausdrucks- und Verständnisvermögens durch die Sprache ist durchaus verbreitet. Sie ist vielleicht nicht ganz so radikal, dass sie jegliche Verständnismöglichkeit leugnet – was ja auch schon dem Augenschein widerspricht – aber immerhin so fundamental, dass sie uns abspricht, durch Sprache gegenseitig von unseren Zuständen, Gefühlen und inneren Befindlichkeiten zu wissen. Sprache wäre dann mehr ein zäußeres Informationsmedium, würde sich aber darüber hinaus nur wenig als Vermittlungsträger für das eignen, was uns als Menschen doch gerade ausmacht.

Starke Unterstützung erfährt diese Position durch den berühmten Satz eines bekannten Philosophen. Nach meiner Erfahrung wird dieser Satz oft dann zitiert, wenn davon die Rede ist, wie wenig wir Menschen über die wirklich wichtigen Dinge des Lebens denken und reden können. Manchmal fällt er auch, wenn ein Gespräch schon eine gewisse Tiefe erreicht hat, wenn es um existenziell menschliche oder auch transzendente Inhalte geht, aber dann Skrupel aufkommen, ob man denn überhaupt über Derartiges reden kann. Und genau dann fühlt sich mit Sicherheit jemand berufen, die Notbremse zu ziehen. Ich habe Situationen erlebt, in denen fast die ganze Palette der hier behandelten negativen Glaubenssätze schon im Raum stand: Dass jeder doch seine eigene Wahrheit habe, dass wir nichts wirklich wissen können, dass alles nur relativ sei. Und wenn dann trotzdem vielleicht ein Funken überpersönlicher

Wahrheit aufblitzte, wurde noch ein letztes Diktum in den Ring geworfen. Es lautet: „Wovon man nicht sprechen kann, darüber muss man schweigen". Das gewünschte Schweigen tritt dann auch meist ein, denn wer wollte es noch wagen, diesem in der Tat tiefen Satz von Ludwig Wittgenstein zu widersprechen?

Aber wie so oft hat die Sache zwei Seiten. Denn wenige Sätze vor dem berühmten Abschluss seines „Tractatus Logicus" offenbart Wittgenstein auch eine andere Seite seiner Philosophie, wenn er sagt: „Nicht wie die Welt ist, ist das Mystische, sondern dass sie ist." Und bei aller Orientierung auf das, „was der Fall ist", weiß der Wiener Philosoph doch auch: „Es gibt allerdings Unaussprechliches. Dies zeigt sich, es ist das Mystische." Ich ziehe daraus den Schluss: Gewiss gibt es Dinge, die sich einer sprachlichen Beschreibung soweit entziehen, dass man schnell ins Stammeln gerät – die Liebe, die Freiheit, Gott – aber gleichwohl „zeigen" sie sich und es ist möglich, auf das sich so Zeigende zu zeigen, eben mit Mitteln der Sprache (wie es auch Wittgenstein selbst tut) und im weiteren Sinne mit Mitteln des menschlichen Ausdrucks. Denn trotz aller Schwierigkeiten: Stumm geblieben ist die Menschheit im Großen betrachtet keineswegs, was diese letzten Dinge angeht. Theologen, Philosophen und Mystiker haben ganze Bibliotheken über Dinge hinterlassen, über die man im Sinne des Wittgenstein-Diktums eigentlich schweigen müsste. Ein Meister Eckart beispielsweise wusste genau, dass das Wesen Gottes nicht wie ein äußeres Ding zu beschreiben ist – und hat doch darüber Predigten gehalten, die noch heute gelesen werden. Rumi wusste, dass das Wesen der Liebe sich nicht in Worten erklären lässt – und hat doch unermüdlich das Unbeschreibliche in Worten festgehalten, die uns noch heute bewegen.

Der Satz von Wittgenstein wird allerdings meistens – unabhängig davon, wie ihn der Philosoph selbst gemeint haben mag – als Beleg einer grundsätzlichen Beschränktheit der Sprache und ebenso unseres Weltbezugs durch die Sprache verwendet. Vorausgesetzt wird dabei, dass die Sprache ein konventionalistisches Instrument zur Beschreibung der Dinge ist, das mit der eigentlichen Beschaffenheit der Welt nichts zu tun hat. Uns begegnet hier die gleiche Denkstruktur, wie wir sie von den Einwänden gegen das Denken her bereits kennen: Sprache ist demnach ebenfalls eine menschlich-subjektive Struktur, in die wie unbewusst eingesponnen sind, der wir nicht entfliehen können und die uns den Zugang zu einer uns an sich unbekannten Wirklichkeit grundsätzlich verzerrt.

Eines ist klar: Wenn Sprache tatsächlich nichts als ein verbales Repräsentationssystem darstellte, das mit dem Repräsentierten nichts zu tun hätte, sollten wir tatsächlich besser den Mund halten. Aber ist Sprache nicht mehr?

Ich möchte hier eine kleine Anekdote einstreuen: Der leider viel zu früh verstorbene Hirnforscher und Philosoph Detlef Linke hat mir einmal schmunzelnd von neurologischen Experimenten zur Lokalisierung des Sprachzentrums im Gehirn erzählt, die aufgrund modernster Messmethoden heute möglich sind. Um das gesuchte Sprachzentrum zu aktivieren, seien die Versuchspersonen angehalten worden, für eine Dauer von zehn Minuten die Laute „eins, zwei – eins, zwei" und so weiter wiederzugeben. „Aber ist das denn Sprache?", hatte Linke gefragt – in der Überzeugung, dass die Wiederholung sinnloser Lautfolgen eben noch nichts oder doch nur sehr wenig mit Sprache zu tun hat. Diese von Linke erzählte Episode scheint mir typisch für das veräußerlichte und dem Wesen der Sache entfremdete Verständnis von Sprache, von dem heute zumeist ausgegangen wird. Hier aber möchte ich ansetzen, um das Dogma von der angeblichen Sprachbarriere zu knacken und fragen: Ist Sprachlichkeit vielleicht mehr als nur ein subjektives „Mittel", mehr als ein konventionalistisches Instrument, irgendwie „erfunden" zur besseren Verständigung?

Weil wir wissen, dass sich die Sprachen geschichtlich gewandelt haben und weil wir bis heute erleben, dass Sprache auch mit Konvention zu tun hat, liegt es nahe anzunehmen, dass Sprache als Ganze irgendwann erfunden worden ist. Hier ergeben sich allerdings schwer zu beantwortende Fragen: Wie erfindet man Sprache ohne zu sprechen? Wie erklärt man sich untereinander, was etwas bedeuten soll – ohne schon sprechen zu können? Ohne schon zu verstehen, was Sprechen überhaupt meint?

Diese Einwände machen auf eine Grundunterscheidung aufmerksam: Sprache, wenn sie einmal da ist, unterliegt evolutiven Änderungen und Konventionen. Sprachlichkeit als solche: das Bedeutung-Haben von Lauten – ist aus einem vorsprachlichen Zustand heraus nicht schlüssig zu erklären. Wir können zwar die gescheitesten Theorien über die Entstehung der Sprache aufstellen, aber wir werden niemals erklären können, wie die ersten Menschen aus der Sprachlosigkeit in die Sprache gefunden haben sollen. Das sehen wir heute noch, immer wieder neu, beim Sprechenlernen der Kinder: Wir können einem Kind nahebringen, dass ein Wort etwas Bestimmtes bedeutet, wir können eine unzutreffende Verbindung korrigieren – aber wir können nicht das grundlegende Prinzip erklären, dass sich ein Wort auf etwas bezieht, dass eine Ansammlung von Lauten auf etwas deutet, es be-deutet. Dieses Grundverständnis ist offenbar angeboren und kommt ab einem gewissen Alter zum Vorschein. Und das geht nur in der Umgebung einer Sprache.

Das Sprechen scheint somit eine vorgängige, nicht zu reduzierende oder aufzulösende Sphäre zu sein, die immer schon verbunden und nicht aus Unverbundenem konstruierbar ist. Diesen Sachverhalt hat Heidegger schön beschrieben wenn er sagt: „Das, wovon wir sprechen, die Sprache, ist uns stets schon voraus. Wir sprechen ihr ständig nur nach. So hängen wir fortwährend hinter dem zurück, was wir zuvor uns eingeholt haben müssten, um davon zu sprechen. Demnach bleiben wir, von der Sprache sprechend, in ein immerfort unzureichendes Sprechen verstrickt." In eine Formel gebracht: „Nicht wir haben die Sprache, die Sprache hat uns" (Heidegger, Vom Wesen der Sprache).

Könnte die Frage sich also nicht so lösen lassen, dass wir – ebenso wie heute noch die sprechenlernenden Kinder – immer schon von Sprache umgeben waren und dadurch zu Sprechenden wurden: weil die Welt als Ganze immer schon Sprache ist?

Kein geringerer als Walter Benjamin hat in genau dieser Richtung eine originelle Theorie der Sprachlichkeit der Welt formuliert. In seiner Schrift „Über die Sprache überhaupt und über die Sprache des Menschen" (1916) schreibt er: „Es gibt kein Geschehen oder Ding weder in der belebten noch in der unbelebten Natur, das nicht in gewisser Weise an der Sprache teilhätte, denn es ist jedem wesentlich, seinen Inhalt mitzuteilen". Dabei legt Benjamin ein geradezu weltumfassendes Verständnis von Sprache zugrunde, wenn er sagt, „jede Mitteilung geistiger Inhalte ist Sprache, wobei die Mitteilung durch das Wort nur ein besonderer Fall, der der menschlichen" sei. Die ganze Welt also spricht, und es gibt nicht nur, was noch naheliegend ist, eine Sprache der Tiere, jene der Vögel, sondern auch eine Sprache der Blüten, ja der Landschaften, des Meeres und der Wolken. An dieser Welt-Sprache haben wir Menschen Anteil, indem wir immer schon in sie eingebettet sind. Im Falle des Menschen gehört zur Sprache auch die Non-Verbalität seiner Gesten, seines Körpers – und sei es die Gebrechlichkeit und Eingeschränktheit, die Behinderung seines Körpers, durch die die Person des Anderen dennoch unüberhörbar spricht, uns an-spricht –: und insofern ist auch der behinderte, (scheinbar) sprachlose Mensch in den Dialog eingebunden, weil uns aus seiner Körperlichkeit – wie aus der Körperlichkeit jedes Menschen – die Sprache seines So-seins als der Andere anspricht.

Kommen wir noch einmal zu dem Grunddogma zurück, wonach wir angeblich das Wesentliche nicht in Worte fassen können und auch nicht wissen können, was im Anderen wirklich vorgeht. Sprache ist aber welthaltig und kann deshalb, richtig verwendet, selbst Welten in uns hervorbringen. Weil wir heute kaum noch Wort-empfänglich sind, sondern in einem Zeitalter leben, das fast vollständig von Bildeindrücken geprägt wird, ist uns allerdings die Empfänglichkeit früherer Epochen für das Schöpferisch-Eruptive der Sprache vielfach abhanden gekommen. Das leider weitgehend „überhörte" Geheimnis der Sprache liegt in ihrem wirklichkeitsevozierenden Potenzial – ein Wort, und schon ist eine Vorstellung vor uns hingezaubert: der Abendhimmel, die Bachforelle, das Himmelslicht. Egal, ob sich hier an den Klang der Worte Erinnerungen anheften oder mit dem Wortklang ein Aspekt der Wirklichkeit selbst erfasst wird – sie rufen jedenfalls etwas in uns hervor, das mehr ist als nur „Zeichen". Und wenn die Sprache (auch) ein „Code" ist, dann jedenfalls ein solcher, der beim Empfänger einen geradezu erstaunlichen Realitätseffekt bewirkt.

Am meisten beherrschen natürlich die Dichter diese Technik. Dazu nur ein konkretes Beispiel unter unzähligen anderen möglichen: Vier Zeilen aus dem Gedicht „Verfall" von Georg Trakl, in denen der Lyriker eine Herbststimmung beschreibt:

Es schwankt der rote Wein an rostigen Gittern,
Indes wie blasser Kinder Todesreigen
Um dunkle Brunnenränder, die verwittern,
Im Wind sich fröstelnd blaue Astern neigen.

Steigt nicht unmittelbar eine zwar vielschichtig bleibende, aber in der Qualität doch auch ganz eindeutige Gestimmtheit in uns auf, wenn wir diese Zeilen lesen? Wer spürte dabei nicht unmittelbar etwas Typisches vom Herbst und darüber hinaus eine tiefe Wehmut in sich aufsteigen?

Oder, noch komprimierter, jene Formulierung aus Paul Celans „Todesfuge" von der *Schwarzen Milch der Frühe* und dem *Grab in den Lüften* – beides Chiffren des Grauens der Vernichtungslager, die gleichzeitig eine erschütternde und gebrochene Schönheit vermitteln und so eine irritierende Wirkung auslösen, eine Stimmung in der Schwebe, die eigentlich kaum beschreibbar ist, aber eben durch Celans Worte ausgelöst wird.

Dass so etwas überhaupt gelingen kann, durch Sprache, durch Lautfolgen und durch Worte komplexeste innere Stimmungen und Blickweisen zu vermitteln, grenzt an ein Wunder. Hier wird ganz im Sinne Wittgensteins durch Sprache auf Unaussprechliches „gezeigt", und obgleich verschlüsselt, ist dieses Zeigen alles andere als beliebig im Blick auf das, was gezeigt, evoziert und empfunden wird. Die Behauptung, Wesentliches ließe sich nicht in Sprache fassen, ist nicht nur eine Beleidigung der Dichter. Sie unterminiert auch in ganz unnötiger Weise die Basis jeden Dialogs. Philosophische und ästhetische Überlegungen zur Wirklichkeitsfähigkeit der Sprache sind deshalb nur scheinbar abseitige Spielereien. Ich bin im Gegenteil überzeugt, dass eine bewusste Wertschätzung der Sprache dazu beitragen kann, dem drohenden Einzug von immer mehr ungeklärter Emotionalität in den öffentlichen Diskurs und der zunehmenden Verrohung der Sprache (speziell in den sogenannten sozialen Netzwerken) entgegenzuwirken.

Zugang zur Wirklichkeit

Es ist mein Ziel, in diesem Büchlein eine Brücke von drängenden Problemen der Gegenwart zu nur scheinbar hochgeistigen Fragestellungen zu schlagen. Zugang zur Wirklichkeit ist kein abstraktes Ziel, sondern eine gesellschaftliche Herausforderung. Denn die letzten Konsequenzen der von mir dargestellten erkenntnistheoretischen Beliebigkeitspositionen und dem, was man einen ontologischen und ethischen Relativismus nennen könnte, münden im Verfall des öffentlichen Diskurses, der aufgrund der Instabilität elementarer Grundbegriffe nicht etwa zu mehr Liberalisierung und Meinungsvielfalt führt. Vielmehr haben angesichts dieser allgemeinen Verunsicherung des Denkens im anscheinend „post-faktischen" Zeitalter Macht und Lüge immer leichteres Spiel – und am Ende ist es die Unterdrückung, die sehr wohl „faktisch" wird. Wenn es keine verbindlichen Bezugspunkte selbst für etwas so Grundlegendes wie Tatsachen und Fakten mehr gibt, dann wird der interessegeleiteten Manipulation Tür und Tor eröffnet. Verstärkt durch die schnelle Verbreitungsmöglichkeit in den neuen Medien droht jede Grenze von Wirklichkeit und Fiktion zu verschwimmen. Wer davon profitiert, sind jene, die in der allgemeinen Verunsicherung dann ihre Tatsachen durchsetzen. Wenn wir ihnen mit den Mitteln der Vernunft, mit der Verteidigung von Werten und dem Sinn für Dialog und Sprache beikommen wollen, wird sie das vielleicht eher amüsieren. Versuchen müssen wir es trotzdem.

Literatur

Arendt, Hannah: Wahrheit und Politik (1972)

Benjamin, Walter: Über die Sprache überhaupt und über die Sprache des Menschen (1916)

Dreyfus, Hubert und *Taylor, Charles:* Die Wiedergewinnung des Realismus (2016)

Grauer, Christian: Am Anfang war die Unterscheidung. Der ontologische Monismus (2013)

Heidegger, Martin: Was heißt Denken? (1952)

Thomas Nagel: Geist und Kosmos. Warum die materialistische neodarwinistische Konzeption der Natur so gut wie sicher falsch ist (2013)

Tetens, Holm: Gott denken. Versuch einer rationalen Theologie (2015)

Steiner, Rudolf: Die Philosophie der Freiheit (1894)

Welsch, Wolfgang: Mensch und Welt. Eine evolutionäre Perspektive der Philosophie (2012)

Danksagung

Die Idee zu diesem Buch entstammt konkreten Debatten im Rahmen meiner Seminare, Vorträge und auch Diskussionen in den sozialen Netzwerken, wo es um grundlegende philosophische und weltanschauliche Fragen ging. Dabei bemerkte ich, dass sich bestimmte Argumente gegen meine Sicht der Dinge in Art wiederkehrender denkerischer Blockaden bündeln ließen. Solche oft hinter den an der Oberfläche geäußerten Argumenten liegenden Vor-Annahmen zu hinterfragen und aufzulösen war meine ursprüngliche Intention. Irgendwann im Laufe des Jahres 2016 bemerkte ich dann plötzlich, dass meine primäre Auseinandersetzung mit Fragen des Weltbildes auch eine zentrale Rolle für unsere Gegenwartssituation bilden, die ich abkürzend die „postfaktische" Zeit nenne und die von einer aushöhlenden Relativierung grundlegender Begriffe wie Tatsachen oder Wahrheit oder auch die grundlegende Infragestellung menschlicher Urteilsfähigkeit gekennzeichnet ist. Die postmoderne Sicht des Menschen und die postfaktische Bedrohung unseres sozialen Zusammenhalts in Gestalt von Populismus und Fake-News haben eine gemeinsame Wurzel, die ich in diesem Buch aufzeigen möchte.

Das Vorhaben bietet natürlich eine ganze Reihe von Angriffsflächen. Die größte liegt vermutlich in der Anmaßung, in einer so kleinen Schrift derart bedeutungsschwere Begriffe wie Wahrheit, Erkenntnis, Moral und Verbindlichkeit klären zu wollen, die eigentlich jeder für sich eine Abhandlung füllen müssten. Eine zweite Angriffsfläche bietet der vermutlich etwas unzeitgemäß wirkende Idealismus, den man in meiner Argumentation rasch entdecken wird, und zwar in einer doppelten Dimension: einmal methodisch, insofern man ohne große Mühe meine deutlichsten Argumentationsanleihen in der Tradition des philosophischen Idealismus und eines ethischen Universalismus identifizieren kann; zum anderen aber auch in meiner Haltung, die von der letztendlichen Durchsetzungskraft des Wahren und Guten überzeugt ist. Mir kommt es vor allem auf die Diskussionen an, darauf, in einem, wie mir scheint, besonders kritischen Moment gesellschaftlicher Entwicklung, in dem der auf Vernunft beruhende zivile Konsens und die menschlichen Grundrechte in den westlichen Demokratien bedroht sind, eine (weitere) hoffentlich konstruktive Stimme hörbar werden zu lassen. Und ich würde mich freuen, wenn Berufenere als ich die Lücken schließen würden, die aus meinen begrenzten Möglichkeiten heraus zwangsläufig in diesem Buch verblieben sind.

Für die Ermutigung, dieses Projekt trotz eigener Zweifel umgesetzt zu haben, danke ich einer Reihe von Freunden, vor allem Hans Bartosch und Michael Schneider; für die Durchsicht des Manuskripts und inhaltliche Kritik danke ich Laura Krautkrämer, Ramon Brüll und Lucia Heisterkamp.

Jens Heisterkamp, Frankfurt am Main im Herbst 2017

Weitere Titel aus dem Info3-Verlag

Martina, Johannes und Tobias Hartkemeyer
Dialogische Intelligenz
Aus dem Käfig des Gedachten in den Kosmos
des gemeinsamen Denkens
Mit einem Vorwort von Gerald Hüther
November 2015, 200 Seiten, Broschur
ISBN 978-3-95779-033-0

Kurt E. Becker
Der Charisma-Faktor
Glücklich sein mit Sisyphos
240 Seiten, Klappenbroschur
ISBN 978-3-95779-025-5

Jelle van der Meulen
Der Ruf der Freundschaft
Unterwegs zu einer Kultur des Herzens
238 Seiten, Klappenbroschur
ISBN 978-3-95779-042-2

www.info3-verlag.de

Kontakt zum Autor: jens.heisterkamp@info3.

Info3-Verlagsgesellschaft Brüll & Heisterkamp KG
Kirchgartenstr. 1
60439 Frankfurt am Main

Tel. 069 - 58 46 47
Fax: 069 - 58 46 16
E-Mail: vertrieb@info3.de
Web: www.info3-verlag.de